TRIBUNAL DU MMA

On ne joue pas à la bagarre

©2022. EDICO
Édition : JDH Éditions
77600 Bussy-Saint-Georges. France
Imprimé par BoD – Books on Demand, Norderstedt, Allemagne

Réalisation et conception couverture : Cynthia Skorupa

ISBN : 978-2-38127-284-9
Dépôt légal : août 2022

Tancrède Culot-Blitek

TRIBUNAL DU MMA

On ne joue pas à la bagarre

JDH Éditions

Sporting Club

*À Maurice, Alex, Antoine et les autres ;
j'ai toujours un « cercle » dans le cœur, les gars.*

AVANT-PROPOS
LA LÉGITIMITÉ

La *légitimité* est un mot qui veut tout dire, ultra dense, hyper opaque, pour qui veut se cacher derrière, et ne rien dire du tout, friable et bancal, lorsqu'il doit servir de brique de fondation à l'édification de solutions concrètes.

Je ne sais pas si je suis *légitime* pour analyser le milieu français des Arts martiaux mixtes : je ne suis pas combattant professionnel, je ne suis pas le plus grand entraîneur ; je ne suis pas promoteur ni manager, ni assez vieux ou assez international pour être apte aux comparaisons. Aussi je suis allé chercher les gens qui, eux, sont tout ça.

Je ne suis pas procureur non plus, ni avocat. Cette forme de « tribunal » paginal n'avait pas gêné qui que ce soit pour *Tribunal de la musculation*, légitimité oblige, mais elle risque ici, touchant plus large, englobant plus gros, affectant plus d'avis, d'intérêts et de sensibilités, de faire tiquer. Aussi sachez que rien ici n'est définitif, péremptoire, ni même un brin revendicatoire. Tout ce qui va suivre est, et ne saurait être interprété autrement, uniquement la somme des témoignages, à un instant T, d'hommes (il n'y a délibérément que des personnages masculins à la barre de cette première audience du *Tribunal des MMA* – en prévision d'une suite peut-être ?…) qui savent de quoi ils parlent, en confiance, à un autre.

Aussi, j'ai voulu que chaque entretien soit mené en « visio », face à face, « les yeux dans les yeux » comme une conversation entre amis, propice à faire jaillir les opinions véritables au détour d'un questionnement sans détour, à extraire sans presser le jus du ressenti authentique entre deux éclats de rire, et peut-être à déterrer une information, une exclusivité, sans avoir à creuser. Dans cette quête du spontané, j'ai voulu que les interviews soient toutes retranscrites telles quelles, comme on parle à l'oral à un collègue lorsqu'on échange sur une passion commune ; vous n'y trouverez pas les constructions de l'écrit, comme lorsqu'on laisse le soin à l'interrogé de penser puis de rédiger, mais certainement, chez moi comme chez eux, des approximations grammaticales en pagaille, des répétitions, des tournures qui sont celles de la réponse qui jaillit de la tête sans avoir été préparée, ou de la question qui rebondit sur un thème sans avoir été écrite à l'avance.

Un moment vrai en compagnie des fighters, des managers, des entraîneurs ; des grands acteurs du MMA de notre pays, voilà ce que je vous propose. Et s'il doit y avoir réquisition, ce n'est que de ma plume, a posteriori ; et s'il doit y avoir verdict, ce n'est que par vous, jurés-lecteurs.

Dans ces échanges sont cités, pêle-mêle, des noms, des organisations, des clubs, pour la plupart connus des amateurs du milieu, mais forcément obscurs pour les autres. Or ce livre s'adresse à tous. J'ai conscience que, pour le profane, le simple curieux, il est difficile de suivre ces enchaînements de références entre initiés ; pourtant il n'y a pas, à côté de chaque mot en gras – désignant, justement, une nouvelle référence – un astérisque renvoyant en bas de page à l'explication, à la date ou aux détails. Parce que s'il vous plaît, S'IL VOUS PLAÎT : prenez le temps, chaque fois, de taper ces mots en gras sur Google, et d'aller voir qui est ce combattant, quelle est son histoire, de quel combat on parle et pourquoi, où est cette organisation… C'est tout ça, le MMA.

Chers jurés, l'audience est ouverte.

TÉMOIN N°1

J'appelle à la barre…

GUILLAUME PELTIER

Manager de la Bulgarian Top Team (BTT)

T : **Guillaume Peltier** bonjour, et merci beaucoup d'avoir accepté mon invitation pour cet interview !

G : Merci à toi, et comme je te le disais c'est un plaisir et un honneur de participer.

T : Tout l'honneur est pour moi : tu n'es, Guillaume, dans le monde des initiés du MMA, plus tellement à présenter, notamment en tant que manager de la **Bulgarian Top Team** (BTT). Nous tenions à démarrer avec toi cet ouvrage… Mais pour les lecteurs qui ne te connaissent pas, peux-tu nous parler un peu de tout ça : la genèse, etc. ?

G : Ce management a été créé il y a environ six ans de cela. Je travaillais avec les combattants locaux vivant en Bulgarie. Avec les Bulgares, on a commencé à envahir le circuit d'Europe de l'Est, la Russie et compagnie. Puis il m'est venu la bonne idée de travailler avec un Français qui s'appelle **Malik Merad**, qui est aujourd'hui encore sur le circuit – qui a signé il y a quelques mois au **Brave**, d'ailleurs – et on a connu d'excellents résultats. C'est une époque qui était un peu charnière pour Malik, il sortait de quatre défaites d'affilée, notamment une au **Bellator** contre **Sokoudjou**. J'ai envie de dire : c'est un peu aussi l'hypocrisie et la dureté du travail dans le sens où tout le monde lui avait tourné le dos étant donné qu'il sortait de quatre défaites. Alors j'ai commencé à travailler avec lui ; on a fait quatre victoires d'affilée, on a fait une ceinture, et du coup ça m'a un petit peu ouvert les portes sur le circuit français. Il y a beaucoup de combattants français qui m'ont contacté à la suite de ça. Il m'a présenté un petit jeune, un petit talent local à l'époque, qui s'appelle **Fares Ziam**, donc ça a commencé aussi à cette époque-ci. Voilà pour expliquer en quelques mots comment ça s'est fait…

T : Merci ! Alors moi je ne savais pas que ça avait démarré avec Malik, qu'on connaît, en France, très bien classé chez les mi-lourds à une époque. Mais je ne savais pas que ça démarrait avec Malik ; d'accord… Donc il est toujours en activité, Malik Merad ?

G : Malik est toujours en activité, il a signé en mai 2021 avec le Brave, donc on est susceptible de le voir combattre très bientôt pour ouvrir son contrat avec eux. Malik, c'est quelqu'un qui n'a pas été gâté par les blessures, malheureusement. Il a eu beaucoup de blessures très compliquées, donc depuis deux ans justement, on travaille vraiment sur ça, sur un vrai retour, sur un gros ren-forcement musculaire, etc. J'ose espérer que d'ici quelques semaines, on va pouvoir annoncer le retour de Malik.

T : Formidable ! En plus tu me donnes un angle avec ton travail de retour, c'est formidable ça. Justement, la BTT, on a sa genèse, mais ça ne s'est pas arrêté là. Quand on suit un peu le milieu, on n'a que des noms qui nous viennent à l'esprit de mecs qui gagnent des ceintures mondiales un peu partout. Je vais te laisser les citer si tu veux bien, afin d'en mettre certains en avant. Les titres mondiaux, j'en ai déjà trois-quatre à l'esprit de sûrs. Il y en a qui vont forcément plus parler aux gens en tant que vi-trines, mais il y en a peut-être aussi que tu veux en profiter pour citer. Tu nous as très bien expliqué comment ça a démarré ; comment tu expliques que des jeunes qui, lorsqu'ils ont signé chez toi, n'étaient pas champions du monde – on est bien d'ac-cord – le soient devenus en aussi grande quantité, en aussi grande densité ? Comment tu expliques cette faculté, cette ca-pacité à attirer des talents chez toi ? Pourquoi toi et pas ailleurs ?

G : En fait, Malik Merad m'a été d'une aide précieuse dans mes débuts en tant que manager parce qu'il m'a expliqué com-ment ça fonctionnait en France. Je suis au regret d'employer ces termes-là, mais il y a presque dix ans, en France, c'était vraiment une boucherie où on prenait les combattants français vraiment pour des faire-valoir qui devaient boucher les trous dans des organisations. Malik en a vraiment été victime. C'est un gars qui tourne à quatre-vingt-quinze kilos en poids de corps, donc le faire combattre en 93, c'était pas top. J'aurais préféré le voir en poids moyens. Mais il s'est fait envoyer par des managers français en poids lourds carrément, une boucherie absolue. Il m'a expliqué un peu comment ça fonctionnait, donc j'ai vraiment mis un point d'honneur à faire monter les combattants doucement, étape par étape, combat par combat. J'étais pas là à me dire : « Ah, lui, il a un potentiel qui est sympa, on va l'envoyer sur un combat super difficile contre un Anglais en Angleterre histoire de voir ce que ça donne. » Non, moi je me suis vraiment forcé à faire monter les combattants un par un sur le circuit régional, ensuite national, européen, etc. On a vraiment essayé de faire les choses bien plutôt que d'envoyer les gars au casse-pipe et de se dire : « Bon bah j'espère que ça va le faire. » Je pense que c'est vraiment ça qui nous a démarqué des autres. On a pris le temps, ça nous a pris du temps. Un petit jeune comme Fares Ziam, on l'a signé très tôt, à l'époque il n'était encore personne, personne ne le connaissait ; aujourd'hui, il est à l'**UFC**. Et on peut dire la même chose avec **Benoît Saint-Denis**, qui a signé à la BTT à 0-0. Pour le coup c'est la même histoire, on l'a fait monter petit à petit. Mais géré différemment, ça aurait pu être une catastrophe absolue, parce qu'à 3-0, il aurait pu se faire envoyer en Russie contre un Russe chargé à bloc. Donc peut-être que la différence vient aussi de ça, c'est qu'on a vraiment pris le temps. Mais le fait de prendre le temps fait aussi que financiè-rement, parce qu'il faut aussi en parler – on n'en parle pas assez du côté financier – c'est du quasi-bénévolat quand on commence avec un combattant, parce qu'il rapporte absolument rien. C'est la raison pour laquelle je peux comprendre pourquoi certains managers sont tentés de faire sauter quelques échelons pour que ça aille un peu plus vite. Nous, on a pu se permettre de prendre plus notre temps et je crois que c'est ça qui nous a vraiment démarqués des autres. Je vais envoyer une sale remarque, une petite dédicace, mais encore aujourd'hui, je reçois des offres de certaines organisations, c'est du casse-pipe absolu, c'est une catastrophe ! Donc je leur réponds gentiment que je ne suis pas intéressé, et deux jours plus tard, je vois un management français qui se vante d'avoir signé un combattant français sur l'opportunité qui m'a été offerte deux jours plus tôt.

T : Avec ce que tu me dis là, tu as déjà chevauché ma prochaine question, c'est super, où j'allais te demander, traînant un peu dans le milieu de la préparation physique des combattants jusqu'au milieu professionnel, ça ce n'est pas fini du tout. Ce que tu me décrivais tout à l'heure. Le fait d'envoyer un mec pour prendre absolument un combat, en Angleterre contre un Anglais qui est déjà à 9-0 à 22 ans. J'ai tout à fait des exemples en tête. J'allais te demander justement : est-ce qu'il y a des choses que tu ne voudras jamais voir chez toi ? Des pratiques qui ne te plaisent pas du tout ? Donc on rebondit là-dessus : c'est encore comme ça malheureusement ?

G : Bien sûr ! En fait, ça c'est tout ce qui me répugne et tout ce qui me dégoûte dans le MMA. Il y a beaucoup de jeunes à l'époque qui se sont vu gâcher leur carrière justement à cause de ça. Parce que ce sont de très bons combattants, mais très tôt, trop tôt, ils se sont fait envoyer au charbon et on n'a pas pris le temps de les faire mûrir avant de les mettre vraiment à l'épreuve. Je veux vraiment me différencier des autres par rapport à ça. Je veux vraiment qu'on se dise qu'à la BTT, quand on signe un jeune, on prend le temps de le faire mûrir avant de vraiment le tester. S'il y a un truc qui me dérange vraiment, c'est de voir des jeunes avec un fort potentiel qui se font vite, malheureusement, couper les ailes parce qu'envoyés trop tôt au charbon…

T : Ma prochaine question est en rapport avec ça. Depuis moins de deux ans maintenant, le MMA est devenu une pratique légale en France – et on en est très heureux bien sûr – mais est-ce que tu n'as pas l'impression qu'on a, d'un seul coup, ouvert le box et laissé tous les chevaux partir d'un seul coup ? Que tout le monde a créé un peu son organisation à la dernière minute, que les clubs influents ont choisi les adversaires de leurs combattants, et qu'aujourd'hui on se retrouve dans une situation qu'on aurait pu beaucoup mieux gérer, mieux organiser et mieux prévoir ?

G : Le premier problème, si tu remarques : je n'ai pas beaucoup de combattants qui combattent en France parce que j'ai un gros problème avec ça. Aujourd'hui, tous les promoteurs sont managers. Donc en gros, tu as tout compris. Les gars du promoteur sont dans le coin rouge et en face il faut trouver des victimes, en gros c'est ça. Je ne veux pas donner d'exemple, prononcer des noms d'organisations, mais je pense que tu as compris… Je pourrais t'en citer au moins trois qui sont évidentes, et ça, malheureusement, c'est un problème, un gros problème. Il y a aussi un second souci, que j'ai pu remarquer, c'est que si tu es allemand et que tu combats en Allemagne, on va proposer à l'Allemand trois noms différents et il va choisir qui il veut ; il va se mettre bien, ça va être facile… Moi j'essaie de travailler avec des organisations françaises où on te dit : « Tiens, **Matunga** on va le mettre en face de ce mec-là », et ce mec-là il a plus de combats, il a plus d'expérience, il a plus de tout. Donc en fait, ce que les étrangers ont réussi à mettre en place, eux, c'est-à-dire faire monter les locaux, bah bizarrement, en France, ça a l'air d'être un peu plus compliqué. Si t'as pas la chance d'être promoteur, on t'offre pas forcément des combats très adéquats pour tes gars. Et c'est là où tu peux remarquer qu'à la BTT, en fin de compte, on n'a personne ou quasi personne qui combat en France.

T : D'accord, ok, parfait. Justement, par rapport à ça, tu as évoqué tout seul l'aspect financier sans que j'aie à en parler, et évidemment, c'est un point majeur. Comme tu disais tout à l'heure, « on prend le temps de faire mûrir les jeunes », et tu prenais l'exemple de Benoît Saint-Denis que j'ai trouvé très parlant. Pour l'avoir vu tourner quelquefois, en vidéo simplement, physiquement, c'est quelqu'un de monstrueux. Certes, il a aussi un passif dans l'armée, etc., mais on imagine que c'est quelqu'un sur lequel il y a eu un travail phénoménal de construction qui a été fait, mais pendant tout ce temps-là… Je sais que par exemple, et ce n'est pas un secret, il y a eu une cagnotte en ligne pour pouvoir subvenir à sa préparation, ses entraînements, ses voyages – parce que comme tu le disais tout à l'heure, il a fallu en passer par des périodes plus compliquées – donc est-ce que tu as des problèmes pour gérer des jeunes qui voudraient, eux, brûler les étapes pour, ou gagner de l'argent, ou y aller alors que d'un point de vue objectif ils ne sont pas prêts ? Et est-ce que tu vas suivre avant tout le désir de l'athlète ou est-ce que tu es souverain par rapport à ça ?

G : C'est là où nous, on prend beaucoup de temps avant de signer des combattants. La plupart des gars qui sont à la BTT pourraient témoigner qu'il me faut plusieurs mois de conversation avec la personne avant de la signer, parce que malheureusement, j'ai connu des histoires qui m'ont servi de leçon. Tu sais, des petits jeunes que tu signes, qui sont à 1-0 et qui te sortent la fameuse phrase : « Non mais moi je combats pas pour moins de deux mille balles. » En fait, cette phrase n'a vraiment aucun sens. Elle fait que justement elle va t'amener à te faire matcher sur un casse-pipe. Tu veux pas moins de deux mille balles ? Bah ok, tu vas les avoir tes deux mille balles mais par contre on va rien créer. Donc ça, moi, ça ne m'intéresse pas, et malheureusement, il y a beaucoup de jeunes au début qui m'ont sorti ce genre de phrases. Aujourd'hui, je suis beaucoup plus regardant, je mets beaucoup plus de temps avant de discuter avec les gens, avant de les sélectionner. C'est toujours ce que j'explique aux combattants : « Si tu travailles avec moi, ça va prendre beaucoup de temps. Par contre, moi, je sais vraiment ce que je fais, je sais vraiment où je peux t'emmener. Mais le problème : pars du principe que jusqu'à 6 ou 7-0, tu vas rien gagner avec moi. Quand je dis que tu vas rien gagner, c'est que tu vas combattre pour des cinq cents balles, c'est ridicule, mais le fait de m'écouter et de combattre pour des cinq cents balles va te faire gagner comme Benoît Saint-Denis maintenant : douze mille plus douze mille pour son prochain combat. » Mais Benoît, avant de gagner ça, il gagnait une misère, sauf que s'il était parti du principe où « moi je ne combats pas pour moins de deux mille ou trois mille », il aurait fallu que je l'envoie sur des combats plus compliqués qui payent mieux, donc prendre plus de risques, prendre le risque de subir une défaite et, par conséquent, ne pas avoir aujourd'hui la suite qu'on connaît.

T : Le raisonnement est très logique.

G : Mais c'est très compliqué à faire comprendre, parfois.

T : Oui voilà, j'allais dire à faire rentrer dans le crâne de quelqu'un… J'essaie de me mettre à ta place et c'est tout un programme, effectivement.

G : Pour rebondir : je peux comprendre, parfois il y a des combattants qui m'expliquent qu'ils sont en fin de droits, ils n'ont plus le chômage, ils ne gagnent plus rien, ils n'ont pas d'oseille, etc. Je peux le comprendre. Mais malheureusement, la voie de la vitesse, de l'argent, c'est la voie la plus simple vers l'échec, en fait. Quand tu proposes un combat à cinq cents balles à un combattant, tu ne le fais pas par rapport à la prime, tu le fais parce que tu sais que ça va servir à quelque chose dans sa carrière. Sauf que lui te répond : « Essaie de me négocier au moins sept cents balles. » Donc on est en train de mettre en danger le combat pour deux cents, ce principe est ridicule. On ne le fait pas pour cet argent, on le fait parce que ça va t'apporter une victoire qui peut te faire signer plus tard dans une belle organisation. Tout ça c'est pas évident à expliquer aux combattants qui parfois, en plus, ont des situations super précaires.

T : Je suis content d'entendre ça ! Je voudrais juste revenir sur l'axe de la préparation physique, qui m'intéresse, de tout à l'heure. On a fait le crochet financier, c'était super. … Dans un sport de force, et qui plus est dans un sport où le but est de faire mal à un adversaire, on est obligé de considérer que la préparation physique va être un des points majeurs. Toi, tu as un organisme de management. Tu gères le côté logistique, financier et « organisationnel » des combats. À quel point peux-tu prendre la main sur cet aspect-là : conseiller, orienter, imposer ou quoi que ce soit d'autre ?

G : À l'époque, j'essayais d'imposer, et j'ai compris aujourd'hui qu'il vaut mieux mettre la personne sur la voie, presque de lui imposer la voie mais sans qu'elle s'en rende compte. Je m'explique. J'ai des combattants qui malheureusement ont craqué, physiquement, dans des combats. Ils étaient meilleurs sur tous les points que leur adversaire, mais physiquement, ils ont craqué parce que le tempo était trop élevé ; ils n'ont pas réussi à suivre. Quand ça arrive une fois, on peut penser à une défaillance physique dans le cutting ou quelque chose dans la prépa qui n'a pas été, mais quand le combattant même sur le combat d'après te dit que physiquement il ne se sentait pas bien, mon travail à moi est de l'orienter vers une nouvelle méthodologie ou vers des gens que je connais et dont je sais qu'ils font un excellent boulot sur la préparation physique. Malheureusement, ça a été trop longtemps négligé en France, la prépa physique. On pensait que pour être un bon boxeur, il fallait juste faire de la patte quatre heures par jour, six jours sur sept, et on a totalement négligé la prépa. J'ai eu la chance de voir ça en Bulgarie – j'ai l'impression qu'ici, c'est un peu tout l'inverse : ils privilégient la prépa physique, peut-être même au détriment de la technique. Mais j'ai pu voir une autre méthodologie, et on peut voir aussi que ce sont des mecs qui se blessent beaucoup moins et qui sont capables d'imposer un rythme dans le combat. Donc ça a été très long avant que ça rentre dans les mentalités en France, mais ça le devient de plus en plus. On a aussi des préparateurs physiques maintenant qui sont très connus et ça a aussi permis de se démocratiser sur les réseaux. **Rémi Physio** qui est venu lors du dernier camp d'entraînement qu'on a fait en Bulgarie, ce genre de personnes très suivi sur les réseaux, ça ouvre l'esprit des gens vers la prépa physique.

T : C'est bien que tu dises ça parce que, étant dans ce domaine-là, ce que j'ai pu constater ou ce qu'on a pu me dire, c'est que, comme c'est un sport qui était, jusqu'à il y a très peu de temps, plus ou moins proscrit ou en tout cas assez peu médiatisé auprès du grand public, et donc qui rapportait peu d'argent, forcément on faisait passer ces aspects-là, qui sont coûteux – car si tu veux faire appel à quelqu'un de bon, c'est coûteux, si tu veux mettre en place une méthodologie, c'est coûteux en argent, en temps, en sacrifice, en années – eh bien tout le monde s'improvisait préparateur. La préparation physique, même jusqu'au niveau professionnel, c'était taper sur un pneu avec une masse, on en était là jusqu'à il y a très peu de temps. Donc c'est bien que toi tu mettes en avant cet aspect-là et que tu dises que, là, maintenant, c'est un métier. Il y a des gens qui sont connus pour ça et qui ne doivent être dédiés qu'à ça. Comme tu dis, il y a quand même cet aspect-là qui rentre en jeu, donc plutôt en incitant qu'en tapant du poing sur la table ?

G : Oui : maintenant, j'essaie de le faire intelligemment ; de toute façon, la finalité est la même, il faut que la personne, à la fin, suive mes conseils, mais il vaut mieux, plutôt que de la forcer, l'amener à faire un bilan toute seule. Lui dire : « Bon, tu as vu, c'est le deuxième combat où physiquement tu te sens pas au top, tu vois clairement qu'il y a un problème, on est d'accord ? » Il faut l'amener intelligemment vers la voie du changement.

T : D'accord. Justement, je sais que ce n'est pas facile : il y a des noms, des combats, des ambiances, des choses qui vont rester marquées… En six ans, si je te demandais de sortir un souvenir, si je te demandais pour le livre, pour les lecteurs qui vont tout de suite aller taper ça sur Google ; si je te demandais de me sortir un moment, je ne sais pas, un KO, un « mouv », une ambiance, un combat, un évènement marquant. Pas pour la BTT forcément. Pour toi, Guillaume Peltier, quelque chose qui reste dans ta tête : est-ce que tu peux me raconter ?

G : Hum… Le plus grand souvenir que j'ai jusqu'à présent c'est, et je pense que ça le restera toujours, la fois où j'ai coaché **Tony Johnson** contre **Aleksander Emelianenko**, donc le frère de **Fedor Emelianenko**, qui est une star absolue en Russie. On est parti le défier chez lui en Russie, à l'époque dans une organisation qui s'appelait **AKHMAT**. Une organisation réputée pour, comment dirais-je… pas sa dangerosité, mais son côté un peu sulfureux car financé par **Kadyrov & Co**. Ce soir-là, je me suis retrouvé devant Aleksander Emelianenko avec de grosses responsabilités parce que je devais faire le game plan de mon combattant. C'était un combat difficile, très engagé, qui a été élu combat de l'année 2018, ça a été une boucherie absolue.

Je me suis retrouvé dans une atmosphère pesante avec Kadyrov dans la salle, avec quelqu'un d'autre qu'ils appellent *Patriot*, un personnage très important encore en Russie, avec beaucoup de règles à suivre qui sont différentes de celles que l'on peut rencontrer sur le circuit européen. Ça restera un très très gros souvenir d'avoir été en face d'Aleksander Emelianenko, qui aujourd'hui, pour le coup… Sa carrière a pris un mauvais tournant, je ne sais pas si tu as suivi…

T : Non, pas du tout.

G : Il est devenu alcoolique, etc. Bref. Mais oui, gros souvenir.

T : OK. Tony Johnson qui est américain (pour montrer le côté international de la BTT).

G : Exactement. Tony Johnson est, à l'heure actuelle, champion de l'**ACA**, qui est la deuxième organisation au monde après l'UFC.

T : Donc champion du monde poids lourds.

G : Oui tout à fait, et il défendra sa ceinture le 19 novembre.

T : Très bien. De toute façon le livre sortira en 2022, mais il y aura un cycle.
Je n'ai pas vu le combat mais je connaissais son existence. *rire*

G : S'il te plaît, regarde ! Combat de l'année 2018, une boucherie. Et en plus, on prend un match nul. Quand tu auras regardé le combat, tu me diras ce que tu penses de la décision.

T : Surtout que moi, là-dessus, je suis très *supporter* : très tendance à gueuler.

G : En fait, il faut être clair. Tout à l'heure, je parlais d'avantages… Les organisations étrangères ont compris comment ça fonctionne… et c'est encore le cas. Clairement, quand tu prends un Anglais en Angleterre, il faut le finir ou vraiment il faut rouler dessus, sinon t'as toujours des déconvenues à la décision.

T : Je voulais te parler d'un truc justement. J'ai regardé le dernier combat de **Morgan Charriere**, qui, physiquement, pour le recoller au thème, a des poumons d'acier. C'est une référence absolue, en tout cas en France et aussi à l'international. À aucun moment on ne peut contester sa stratégie de gestion du combat, mais sur la rentrée de Morgan Charriere, avec les drapeaux irlandais partout, sa manière de chambrer, est-ce qu'à ce moment-là, il perd pas un morceau du combat ?

G : Peut-être qu'il s'est éparpillé un petit peu psychologiquement. Il est trop rentré en guerre, non pas forcément contre son adversaire, mais contre le pays entier. Après, on ne peut pas le lui retirer, Morgan c'est quelqu'un qui vit le MMA à deux cents pour cent. Il pense MMA, il mange MMA, il dort MMA, et par conséquent, quand il va combattre, il vit ça à fond. C'est ce qui fait aussi le personnage. J'étais ce soir-là dans la salle en tant que manager, il y a deux semaines, et c'était quelque chose. Après, comme j'ai dit, Morgan c'est un personnage. Ça fait partie du personnage. En vrai, c'est un amour de gars, mais quand il part combattre, c'est quelqu'un d'autre.

T : D'accord, très bien ! Avant de partir sur le sujet des femmes, faisons une petite digression, une petite ouverture : la suite pour lui ?

G : Pour lui, on est en pleine discussion avec le **Cage Warriors**. Avec Morgan, ce qu'il faut savoir, c'est qu'aujourd'hui, tout le monde le veut, toutes les organisations le veulent, c'est absolument incroyable ; il est demandé de partout. Il y a des organisations qui sont prêtes à mettre beaucoup, beaucoup d'argent pour le récupérer. Mais Morgan, c'est quelqu'un de « couillu », si je peux me permettre, c'est quelqu'un de revanchard, donc là, malheureusement, il est sur deux défaites consécutives au Cage Warriors, deux défaites en plus très contestables et contestées, donc il est pas prêt de partir. Là, il faut absolument qu'il revienne, qu'il casse la mauvaise dynamique et débouche aussi par la même occasion. Donc on va rester au Cage Warriors et très certainement, prochaine étape, il se peut, et je l'espère fortement, que ce soit le Cage Warriors à Paris, pour faire venir les Anglais à Paris, et évidemment avoir Morgan en main event ce soir-là.

T : Super, là du coup, j'ai une petite info, même si le livre sortira plus tard, je mettrai la date, merci à toi !

G : On y travaille en collaboration avec le Cage Warriors pour les faire venir début 2022.

T : Ce serait vraiment super, et puis on croise les doigts parce que c'est un athlète qui ne peut pas laisser indifférent, qu'on l'aime ou qu'on ne l'aime pas, c'est vraiment un athlète qui représente.

G : Je vais revenir là-dessus. Je suis en train de m'éparpiller sur le sujet, je suis désolé, mais c'est un sujet intéressant je pense. Tu dis « qu'on l'aime ou qu'on ne l'aime pas », eh bien j'étais très surpris de voir les mauvais commentaires à l'encontre de Morgan sur différents médias. Il y a eu des commentaires vraiment odieux, et beaucoup. Elle est vraiment là, la différence. Je pense qu'aujourd'hui, on n'est pas vraiment prêt, le public, même la fédé et certains coachs ; ça va prendre du temps avant que tout le monde soit prêt pour le MMA. À l'étranger, quand tu as un personnage comme Morgan, il serait soutenu, porté par les foules, mis au rang de star, de héros… et là, en France, j'ai vu des commentaires qui étaient vraiment pitoyables, qui étaient tout sauf du soutien et j'étais très surpris.

T : Et lui, si tu peux nous en dire un mot, par rapport à ça : comment il le vit ?

G : On en a parlé, il m'a dit qu'il avait arrêté de regarder les commentaires, que ce n'était pas constructif. Tu sais, le mec qui commente, c'est souvent le Jackie qui ne s'est jamais entraîné et n'a jamais mis une paire de gants…

T : C'est toujours un peu différent quand il gagne que quand il perd, et l'influence des réseaux sociaux aussi… C'est peut-être ça aussi dans d'autres sports, comme tu disais le MMA c'est encore un peu à part, mais dans d'autres sports aussi, on a facilement tendance à critiquer. C'est aussi un autre aspect, qu'on ne va pas évoquer là car ce n'est pas mon domaine de compétence, mais la gestion de la notoriété aujourd'hui par rapport à il y a dix ou quinze ans, avec les retours du public qu'on a par millions… Morgan, quand il fait son combat, il est tout seul dans la cage, mais il y a des millions de gens qui vont le suivre et qui vont savoir. En France, il y en a peut-être deux cents ou trois cent mille, mais ce sont des millions de gens au total. Ça, pour un gamin de vingt-six ans, j'imagine à quel point c'est encore autre chose à gérer dans une carrière, et peut-être que là-dessus le manager peut aussi avoir une importance ?

G : Morgan a été très intelligent, il a vraiment créé sa société, la « SARL » Morgan Charriere, il y a beaucoup de personnes qui travaillent autour de lui et chacun a son rôle. Il y a des gens qui gèrent la communication, il y a un cameraman… il a vraiment des gens doués dans chaque domaine de compétence. Je les ai tous rencontrés, évidemment il me les a tous présentés. Il est bien entouré et franchement il a vraiment su monter ça comme une entreprise ; aujourd'hui, Morgan c'est un vrai chef d'entreprise. Et, de toi à moi, il gagne beaucoup plus d'argent sur l'extra sportif que sur le sportif même.

T : Et tant mieux !

G : Oui bien sûr, il le mérite.

T : Si c'est le cas pour un footballeur, ça devrait être le cas pour un champion du monde quand même. C'est tout ce qu'on lui souhaite. Une carrière de MMA durera peut-être jusqu'à trente-cinq ans je pense, je ne sais pas…

G : Au maximum, oui.

T : Voilà, donc il faut bien qu'après, un gars comme ça puisse vivre de ses accomplissements. Ça me paraît logique.
Je vais te poser une dernière question pour créer une ouverture, j'ai envie de parler un peu du MMA féminin. Depuis tout à l'heure, on évoque des grands combats, des grandes situations, on évoque des hommes. Les femmes en France, déjà dans la boxe, c'est pas hyper hype ; dans le MMA, ce n'est ni populaire ni, d'après certains vendeurs, mis en avant du tout. On imagine aisément qu'une femme peut gagner cent cinquante fois moins qu'un homme. Tu as des femmes à la BTT ? Est-ce que tu peux nous parler du MMA féminin et de l'avenir du MMA féminin ?

G : On a tenté, il y a quelques années, d'élargir un peu la section féminine à la BTT. Parfois, il faut savoir le reconnaître, et malheureusement, ça a été sans succès. On a eu quelques profils et ça a été compliqué. Parce que les femmes c'est différent, c'est plus psychologique qu'un homme. Un homme c'est plus mécanique, dès lors qu'il se sent prêt, il part combattre. Une femme, c'est un peu différent dans la gestion de la carrière, et donc après les petits échecs que l'on a pu essuyer avec **Maguy Berchel** qui était avec nous qui a perdu, avec **Eva Dourthe** qui était avec nous et qui a perdu aussi, avec **Iony Razafiarison** qui était avec nous, on l'a emmenée au Bellator, on a fait beaucoup de victoires, après elle a fait une défaite et derrière elle a décidé de prendre sa retraite… Il nous a fallu du temps pour essayer de mieux comprendre la psychologie d'une combattante. Et c'est vrai que depuis un an, on recommence sérieusement à travailler avec les femmes, et là par contre, on a beaucoup de succès. On a signé, il y a six mois de cela, une Portugaise qui s'appelle **Mafalda Carmona**. En six mois, elle a déjà fait deux combats-deux victoires. Elle va combattre le 22 octobre (2021) à l'**European Beatdown**, je l'espère pour une troisième victoire. Au mois de novembre, elle est susceptible de faire une ceinture, donc pourquoi pas être à 4-0, et on sait que chez les femmes, ça peut aller très vite. Mafalda, pour le coup, est une jeune fille qui peut rejoindre l'UFC très rapidement.

On a organisé le camp d'entraînement de la BTT l'année dernière au mois de septembre. On a repéré et recruté une jeune Française qui s'appelle **Awa Sow**, qui était à 0-0. Début pro, elle a pris sa victoire, elle a gagné. Elle combat à nouveau au mois de novembre, elle peut être à 2-0, donc c'est intéressant car ça veut dire qu'elle peut être à 2-0 un an après sa signature à la BTT. Donc on voit qu'on prend notre temps et qu'on travaille sérieusement. On essaie de faire avec les femmes le même travail qu'avec les hommes, sauf avec cette petite touche un peu plus psychologique où il faut être plus proche, prendre plus souvent des nouvelles, se tenir informé de l'état de forme, etc. Mais c'est un travail qui est plaisant à faire, et les années qui arrivent, on veut vraiment développer à fond la section féminine, et il faut absolument que l'une d'entre elles signe à l'UFC, ça c'est vraiment un objectif principal dans l'équipe.

T : D'accord. Donc dans les années à venir, on va avoir des femmes en tête d'affiche dans le MMA. On va être aussi fan de filles en MMA qu'en WNBA ; on y croit ?

G : Bien sûr. Je te parlais de Mafalda justement, et je t'invite à regarder son dernier combat au **GMC** en Allemagne, qui était une dinguerie. C'était très agressif, c'était impressionnant en termes de combat, je t'enverrai des photos. Tu vois que les femmes sont dures et sont capables de faire preuve de grosse agressivité dans les combats. Elles sont techniques. La différence avec les quelques années en arrière, c'est qu'aujourd'hui, elles savent aussi boxer et elles punchent très très fort. Donc, bien sûr, les combats féminins deviennent très intéressants, au moins autant que les combats masculins.

T : OK. Écoute, on a fait un peu le tour du sujet qui, moi, m'intéressait. Je te remercie d'avoir participé avec autant de franchise sans aucune langue de bois. D'avoir donné des dates, des impressions, des jugements, des noms… enfin bref. C'était un super entretien ! J'espère que ça t'a aussi fait plaisir d'en discuter avec moi ?

G : Bien sûr !

T : Le titre du livre n'est pas encore acté. On pensait l'appeler « Tribunal des MMA : on ne joue pas à la bagarre ». Même s'il va y avoir des interviews de blessures graves, etc., parce que c'est du tout public, donc c'est bien aussi d'aller explorer tous les aspects : financier, médical, dopage…

Je suis vraiment ravi d'avoir entamé avec ça. Je ne vais pas te déranger plus longtemps, car chez toi, il est 22 h 15 actuellement. Je ne savais pas que tu vivais en Bulgarie, je n'avais pas compris…

G : Oui, je suis en Bulgarie depuis presque dix ans.

T : D'accord, OK. Je te remercie de m'avoir accordé une heure de ton temps.

G : Avec grand plaisir.

TÉMOIN N°2

J'appelle à la barre…

QUENTIN AROLA

*Combattant professionnel
et fondateur de Tactical Fight Team (TFT)*

T : Quentin Arola bonjour, et merci à toi de m'accorder cette interview ! On ne va pas le cacher : on se connaît, on est amis et même associés depuis peu. Je n'ai donc aucune objectivité dans ce qui va suivre et je laisse le soin aux lecteurs d'apprécier mes propos et les tiens le plus objectivement possible. Pour les gens qui ne te connaissent pas, Quentin Arola, peux-tu te présenter, nous donner une idée de ton parcours, de ton métier, de ta carrière ? Et surtout nous parler de **Tactical Fight Team 31** que tu diriges depuis peu.

Q : Je m'appelle Arola Quentin, j'ai trente-deux ans, bientôt trente-trois. Je suis arrivé sur le tard dans le MMA ; enfin, dans ma pratique, en tout cas, de manière assez tardive. Par contre, j'ai commencé à m'intéresser au MMA quand j'avais quinze ans. À cet âge-là, j'ai pratiqué un peu de boxe thaï, et en regardant des vidéos – à l'époque, on téléchargeait sur eMule, etc. – je suis tombé sur des vidéos de primes de l'**UFC**. J'étais un peu bouche bée devant, notamment le combat de **BJ Penn contre Matt Hughes**, qui lui avait mis un triangle, et je me suis vraiment posé la question : « Qu'est-ce que c'est que ce sport où on peut étrangler les gens avec ses jambes ?! » Pour moi… je découvrais ça. C'était l'**UFC 46**, il me semble, de mémoire… et depuis l'UFC 46, je suis tous les UFC. C'est vraiment quelque chose qui m'anime. Ça m'a d'abord dirigé vers la pratique du jiu-jitsu brésilien, et il se trouve que dans le club de boxe thaï où j'allais à l'époque, le **Royal Naresuan Boxing** à Toulouse, il y avait un petit groupe de cinq, six, qui faisaient du jiu-jitsu brésilien. À partir de là, j'ai complètement arrêté la boxe thaï et j'ai commencé à faire du jiu-jitsu brésilien sous la direction d'**Eric Satgé**, qui est rentré du Brésil avec sa ceinture violette à l'époque, et le club s'appelait **Aranha**. Ils étaient six ou sept. Moi, j'étais un petit gringalet de dix-sept ans, j'avais pas fini ma croissance donc je devais faire soixante-cinq, soixante-six kilos. Et là : véritable accroche, un coup de cœur. Comme, visuellement, j'avais déjà regardé pas mal de MMA, j'ai très vite compris comment ça se passait un peu au sol, ce qu'il fallait faire, ou ne pas faire du moins. Comme j'étais fougueux, j'avais plein d'énergie, je ne me suis pas trop mal débrouillé et je me suis vraiment senti bien dans le club avec Eric. C'est vraiment quelqu'un qui sait mettre une bonne ambiance, quelqu'un d'intelligent qui m'a vraiment donné le goût de ce sport et une vision de la vie particulière. J'ai vraiment un gros attachement pour lui, même s'il ne le sait pas, puisque je ne lui ai jamais dit. C'est vraiment quelqu'un qui m'a ouvert l'esprit. Et c'est le fondateur d'Aranha, qui est aujourd'hui un très très gros club de la région toulousaine et je suis très content pour lui. Il compte entre cent et cent-vingt adultes je crois, donc c'est un très gros club, qui marche très bien et qui obtient beaucoup de résultats.

Du coup, si tu me lances sur le sujet, je continue et je m'arrête plus ! J'ai eu ma pratique du jiu-jitsu brésilien, j'ai totalement laissé tomber le MMA, j'étais vraiment à fond sur le jiu-jitsu brésilien. Eric, lors de son voyage au Brésil, a fait connaissance avec **Yan Cabral**, qui était un jeune Brésilien ceinture noire, talentueux, qui voulait venir en Europe pour essayer de vivre du jiu-jitsu brésilien. Eric l'a fait venir. Yan, c'est un personnage, je parle de ça c'était il y a quinze ans ; le jiu-jitsu brésilien, il y a quinze ans en France, c'était un petit cosmos, et avoir un Brésilien ceinture noire, c'était un peu le rêve de tous les clubs en France. Et nous, à Aranha, avec nos dix pélos, on l'avait, notre ceinture noire brésilien trop fort, qui éclatait tout le monde en compétition en France, et on était ses élèves, nous. C'était vraiment top ! Du coup, j'ai évolué, ils m'ont poussé à la compétition, j'ai beaucoup combattu. À l'époque il y avait une compétition tous les trois, quatre mois, donc j'en faisais trois ou quatre par an. Ceinture blanche, ceinture bleue… Malgré mon travail, malgré la naissance de mes filles, je ne me suis jamais arrêté, même malgré mes blessures – j'ai fait les ligaments croisés deux fois – je venais toujours à l'entraînement ; même blessé, je venais à l'entraînement, je m'asseyais sur le côté et je regardais. J'étais vraiment piqué, piqué.

Yan s'est tourné vers le MMA un peu plus tard, parce que financièrement, ça gagnait mieux, et il a même fini par rentrer à l'UFC. Il a eu un parcours honorable à l'UFC. Pour ceux qui connaissent un peu : il a combattu au **Dream**, c'est un peu le remplaçant du **Pride**, et il a notamment battu **Kazushi Sakuraba**, qui est quand même une légende. On l'appelait « le chasseur de **Gracie** ». Donc il a battu cette légende, et le combat d'après, il entrait à l'UFC.

T : Très bien. Est-ce que tu peux en venir à **TFT** un petit peu ? TFT qui est récent, qui est TON club, entre autres.

Q : Oui, bien sûr. Sur Toulouse, j'ai commencé à vouloir faire ma transition vers le MMA, mais il n'y avait pas de club. Concrètement, il n'y avait pas de club. Il y en avait un qui s'appelait le **Toulouse Fight Club**, où il y a **Anthony Réa** qui fait un gros travail. Ce mec, c'est une sommité. C'est un des précurseurs du MMA, il a cinquante combats… Mais c'était difficile pour moi, car je voulais continuer le jiu-jitsu brésilien et c'était compliqué d'associer entraînement jiu-jitsu brésilien, entraînement au TFC, ma vie professionnelle, ma vie avec mes filles et tout… c'était compliqué. Donc je suis un peu parti en MMA juste avec mon jiu-jitsu brésilien. Au début, j'ai combattu en pancrace, issu du MMA mais autorisé à l'époque en France parce qu'il n'y a pas de frappes au sol. J'y suis allé sans entraînement de boxe, sans entraînement de lutte… Je me contentais de lever les mains et balancer des low kick ; dès qu'on s'accrochait, j'allais au sol et voilà. Donc j'ai eu un 4-0 en pancrace amateur en France avant de passer rapidement pro. J'ai eu une proposition pour passer en pro la même année où j'ai fait mes quatre combats amateurs. J'ai été à mon premier combat pro, pareil, avec très peu de boxe et très peu de lutte. Donc j'ai perdu mon premier combat pro. Je devais affronter un mec dont c'était le premier combat, je m'étais entraîné et tout. À une semaine de l'évènement, on me dit qu'il s'est blessé mais qu'on a un adversaire pour le remplacer qui était **Helder Fernandes**, et qui avait déjà sept ou huit combats, donc huit fois plus d'expérience que moi en pro. Je n'ai pas été ridicule, je gagne clairement le premier round, je le gagne car je suis encore frais, je suis là, et au deuxième round, je prends un méchant uppercut en contre. Je passe mon temps à essayer d'accrocher, et l'arbitre arrête car il m'estime TKO. Je perds mon premier combat et j'enchaîne rapidement, la semaine d'après. Je pars en Espagne faire mon deuxième combat, que je gagne cette fois-ci. Là, par contre, je prends conscience qu'il faut vraiment que je me mette à boxer et à lutter, qu'il faut vraiment que je progresse dans ces domaines-là. Ça reste toujours compliqué parce qu'il n'y a pas de club où je peux vraiment aller, où je me sens bien… Donc je continue mon petit bonhomme de chemin, en m'entraînant un peu à la boxe, notamment à **Mise aux Poings** que je salue. C'est **Nico et J-P** qui m'ont accueilli et fait progresser un peu en boxe. Et j'ai continué mon parcours au **Kombat Challenge**. J'ai fait deux combats que je gagne par soumission. J'ai toujours ce désir de combattre. J'accepte des combats un peu au dernier moment. Je pars au Portugal, je perds dans une organisation très compliquée où j'ai combattu à minuit et demi, et je reprends un KO derrière. C'est là que je me dis : « Bon, il faut faire quelque chose, c'est pas possible, il faut que je monte ma propre structure où je vais pouvoir progresser, travailler en boxe, en lutte, et offrir une approche du MMA mais comme moi je la pense, comme moi je l'entends », parce que ça manquait à Toulouse, il n'y avait pas ça. À partir de la rencontre d'un élève du Toulouse Fight Club justement, **Yohan Salvador**, avec qui j'échangeais. À savoir que Yohan vient du pieds-poings et de la lutte, moi je viens plutôt du sol, comme je l'ai dit ; on s'est dit : « Pourquoi on monterait pas quelque chose de complémentaire tous les deux ? » Du coup, rapidement, moi je le fais bosser au sol, lui il me fait bosser en boxe et en lutte. Très vite, on a vu que ça pouvait marcher, on s'est très bien entendu. On s'est rencontré en juin, et en septembre, on s'est dit : « Viens, on fait un club tous les deux », et on a monté Tactical Fight Team. La première année c'était le Covid, donc ça a été un peu compliqué, mais on s'est entraîné comme on pouvait, avec les attestations, etc. Et là, en septembre 2021, on a pu faire notre première vraie rentrée. Le club marche très bien pour l'instant, on est très contents.

T : D'accord, super. Tu nous as déjà évoqué un certain nombre de noms. Tu nous as parlé de Yan, d'Eric, de tes entraîneurs de Mise aux Poings, de notamment ton partenaire Yohan… Je sais qu'on fréquente un peu les mêmes personnes, donc j'ai d'autres noms en tête. J'aimerais te poser une question simple : est-ce que dans ce milieu-là, dans ce monde-là, tu as beaucoup d'amis ?

Q : *rire* Non. Il y a beaucoup de gens qui peuvent et veulent être associés… Il y a beaucoup de gens qui ont une bonne intention je pense, vraiment, mais il y en a autant qui veulent être associés par intérêt. J'ai des petits exemples de « Je viens te faire une leçon de boxe », mais comme si rapidement il voulait dire après « C'est moi qui l'ai entraîné », en une leçon quoi… On a aussi des gens très surprenants qui peuvent prendre beaucoup de temps. Par exemple, en ce moment, pour Yohan qui va bientôt combattre et affronter un lutteur, on a quelqu'un d'un club de lutte qui s'appelle **Mathieu** qui vient tous les matins à TFT sur son temps personnel, parce que c'est un bon lutteur, pour entraîner Yohan. Il demande rien à personne, il prend pas de stories Instagram ou de photos pour dire : « C'est moi qui l'entraîne » ; il fait son truc et voilà. Ce sont vraiment des gens très surprenants. Mais il y a aussi plein de gens qui veulent être associés en quête de notoriété. Alors, on ne combat pas encore à l'UFC, on ne combat pas dans des grosses organisations, mais si dans le coin il peut y avoir un peu de notoriété sur Toulouse… il y a des gens qui essaient de s'accrocher à ça. Franchement, pas beaucoup d'amis, mais des gens bien, et des gens qui essaient d'en profiter, mais je pense pas qu'ils soient très mauvais non plus.

T : D'accord. Alors, là on parle des individus, des gens qui font des choses. Je parlais l'autre jour, dans le cadre du bouquin, avec **Guillaume Peltier**, de la **BTT**, que tu connais sûrement, et qui m'évoquait les difficultés organisationnelles et législatives de ce monde-là. On en a déjà parlé toi et moi : vivre du MMA, trouver des combats, se préparer seul dans son coin, quand tout le monde essaie un petit peu de créer son business, son organisation, ses conditions idéales… Est-ce que tu pourrais nous dire en quelques mots ce qui ne va pas dans le MMA professionnel en France, par rapport à ailleurs ?

Q : Euh… c'est compliqué… Ce qui ne va pas, déjà, c'est qu'en France, je pense qu'on est trop habitués au sport pas cher, pour commencer. On le voit en boxe anglaise ou en boxe thaï, dès qu'il y a un gala, ça gratte. Même les copains, ils ne veulent pas payer dix ou quinze euros pour aller voir le gars combattre, ils vont essayer de gratter des places. Dans tous les galas que je vois, il y a des gens qui râlent pour le prix, qui est à dix, douze euros. Les gens ne veulent pas mettre cet argent pour aller voir un gala. Ils veulent bien le mettre pour un match de foot ou un match de rugby, mais en France, on ne paye pas pour aller voir de la boxe ou du MMA. Le MMA, ça marche un petit peu mieux quand même que la boxe thaï, mais il n'y a pas d'argent. À partir du moment où il n'y a pas d'argent, il n'y a pas d'achat de maillots, par exemple… Tout ça, c'est de l'argent qu'il y a en moins, donc forcément, ce qu'il se passe, c'est que les promoteurs ne paient pas. Tout simplement. À mon premier combat pro, j'ai pris quatre-vingt-dix euros, à savoir que ma licence m'a coûté plus cher que ça, mon fond d'œil je le paie moi-même… Je paie tout moi-même. Aller combattre me coûte plus cher que le combat en lui-même. Quatre-vingt-dix euros, quand vous allez les chercher à la fin de votre combat… c'est rien. Vous allez manger au resto le soir même et c'est fini, il n'y a plus rien. Le problème en France, c'est que tout le monde veut ce statut et dire « Je suis combattant pro », c'est bien, c'est classe, et moi le premier, ils acceptent d'aller combattre pour une misère. Chose qu'aujourd'hui je ne fais plus. Tout le monde se dit que c'est le jeu au début, ils sont prêts à faire un, deux, trois, quatre combats à cent, cent-cinquante euros en se disant qu'un jour on leur proposera mieux. Et ce qu'il se passe c'est que, dans les galas aujourd'hui, on a dix combats dont huit où ce sont des mecs qui coûtent pratiquement rien, et les deux derniers, à la limite, on met des noms, on met des stars, et là on est prêt à les payer ; les promoteurs font ça. Mais ça veut dire que les huit premiers combats, ce sont des bouchées de pain, on les paye deux cents euros par combat. Pour mille six cents euros on a huit combats, quoi.

T : Selon toi il y a un vrai problème matériel et financier : bien sûr, l'argent, c'est le nerf de la guerre… Est-ce que ce problème qu'on a dans le MMA ou dans les sports de combat en général, et qu'on a moins dans le foot ou dans le rugby en France comme tu le disais, vient du fait qu'on ait tardé à s'organiser, à légiférer, à rendre tout ça légal, à promouvoir, à amener peut-être les sports de combat chez les jeunes ? Est-ce qu'on a un retard en France ?

Q : Oui, je pense que c'est un retard culturel, vraiment. On met l'accent sur le foot, le tennis, le rugby et tout ça. Aujourd'hui, la licence dans mon club est à quatre-cent-quatre-vingt-dix euros, il y a dix entraînements par semaine, eh bien il y a des gens qui trouvent ça cher. Voilà. Bon d'accord, c'est peut-être pas les mêmes niveaux d'importance, mais le plombier qui vient chez vous deux heures, il vous prend six cents ou quatre cents euros, ça choque personne. Moi ça fait quinze ans, même plus, que j'apprends à soumettre des gens, j'ai des choses à apprendre, j'ai des choses à transmettre. Mais quatre-cent-quatre-vingt-dix euros, pour eux, ça fait cher. On a déjà des clubs, vers **Portet**, qui se sont ouverts, c'était huit cents euros l'année, et en trois mois, le club a coulé. C'était un magnifique club, avec une magnifique cage, des sacs partout, une salle à l'américaine… À huit cents euros, il a tenu trois mois et il a coulé. Alors qu'aux **États-Unis**, dans les clubs de jiu-jitsu par exemple, c'est cent vingt dollars par mois et ça choque personne. Le CrossFit, c'est soixante-dix à quatre-vingts euros par mois et ça choque personne. Pourtant ce sport, le MMA, ça reste un sport de pauvre, voilà. Du coup, il n'y a pas d'argent, les pratiquants n'ont pas d'argent, donc ils achètent pas les Pay Per View, même pour regarder un copain qui combat, ils achètent pas ; ils vont attendre que quelqu'un filme. Ils n'achètent pas du bon matériel, ils n'achètent pas du merchandising… Donc au final, si c'est un sport qui rapporte pas d'argent, les combattants n'ont pas d'argent. Je pense aussi que, peut-être, ça va changer avec la **fédé**. Pour l'instant, ça met un peu de temps à changer, ils mettent plus de bâtons dans les roues aux organisateurs qu'autre chose, mais peut-être qu'à terme, ils arriveront à faire quelque chose de bon, je l'espère. Et peut-être aussi que tu deviendras professionnel moins facilement. Parce que là c'est vrai qu'il y a beaucoup de « professionnels » qui sont prêts à accepter n'importe quoi.

T : Oui. J'ai même pas eu besoin de poser plusieurs questions que je voulais te poser, tu les as abordées toi-même, donc c'est super. J'aimerais revenir sur mon axe principal qui est la préparation physique. On parle d'un sport où le but est de faire du mal physiquement à un adversaire. On est d'accord, toi et moi, que la préparation physique a une place prédominante comme dans n'importe quel sport de très haut niveau. Le problème, comme tu l'as dit tout à l'heure, c'est qu'on n'a pas forcément les mêmes structures dédiées que dans d'autres sports où il y a plus de financement, où il y a plus d'intérêts pour ça. Toi, tu diriges TFT, tu as une carrière de combattant professionnel ; quelle place, tu penses, la préparation physique a dans la pratique du MMA professionnel ?

Q : La préparation physique, en MMA, elle est vitale. Personnellement, j'ai fait pas mal de bons résultats en jiu-jitsu brésilien parce que c'est un sport très technique, très stratégique – je ne dis pas le contraire du MMA – mais pour dire la vérité, je ne me préparais quasiment pas physiquement. J'ai découvert ce qu'était la préparation physique en faisant du MMA, parce que ça ne s'arrête strictement JAMAIS, il n'y a pas de temps de pause. Même stratégiquement, si tu cherches à bloquer, déjà t'as l'arbitre, si tu bloques trop longtemps, qui te sépare, contrairement au jiu-jitsu brésilien où on peut vraiment prendre des positions et bloquer longtemps. Même si techniquement, t'es largement au-dessus, par exemple quand t'es au sol, si le mec il est plus physique que toi, bah il va bouger, ça transpire, ça glisse, c'est dur de tenir, ça frappe, ça bouge, donc t'es toujours en train de te déplacer, de mettre le poids, de répartir le poids, de frapper, et lui aussi, ça bouge… Et là rapidement, je me suis dit : « Ouah, il faut que je fasse quelque chose et que je me bouge un peu le cul. » C'est vrai que c'est un des aspects que je déteste le plus je crois, personnellement, mais je m'y colle, j'ai pas le choix.

T : Est-ce que tu dirais que les solutions qui sont apportées aux combattants en préparation physique sont pertinentes ? Qu'il y a un vrai cadre, de vrais professionnels de la préparation physique dans les sports de combat, ou que c'est un peu « Va comme je te pousse » ?

Q : En France, je pense qu'on a de très bons préparateurs physiques, mais c'est vrai qu'il y a une méconnaissance de ce qu'ils doivent préparer. On prépare pas un combat de cinq fois cinq, ou trois fois cinq même, comme on prépare un match de rugby ou un match de foot ; ça n'a rien à voir. Le problème des préparateurs physiques, c'est l'expérience du combat, de ce qu'on peut ressentir, de ce dont on a besoin, et encore plus : ça va aussi dépendre de ce que l'athlète va chercher à faire. Si, à la limite, on a un préparateur physique qui a fait un peu de MMA, qui commence à comprendre ce dont le combattant peut avoir besoin, mais si, au préparateur physique, son jeu c'était de la lutte et du sol, quand il va avoir à préparer un boxeur qui ne veut pas lutter justement, il va peut-être faire des erreurs dans sa préparation physique. C'est là que je pense qu'il va falloir un peu de temps, de recul, pour qu'en France on ait vraiment des préparateurs physiques performants dans chaque ville. En ce moment, il y a des préparateurs physiques qui font parler d'eux sur Paris, notamment le préparateur physique du **MMA Factory, Nicolas Ott**. Il y a aussi **Rémi Physio**, puis **Morgan Charrière**, ils font aussi leurs petits trucs. Mais voilà, c'est vrai que c'est compliqué, surtout que c'est un budget pour le combattant aussi. C'est vrai que pour l'instant, les préparations physiques se font plutôt en club avec l'entraîneur de MMA qui va prendre un peu en charge cette partie à sa sauce, clairement.

T : D'accord. Pour finir, Quentin, si tu le veux bien, je vais te poser quelques questions, te donner quelques affirmations, et tu vas devoir y répondre uniquement par « vrai » ou « faux », sans argumenter, sans rien, pour que les gens aient un petit peu un avis tranché à la fin. Tu vas voir : les questions vont reprendre un peu ce qu'on disait. … Si je te dis : Combattant de MMA est une situation financière enviable ?

Q : Faux. *rire*

T : Le quotidien d'un combattant professionnel de MMA en France peut être exclusif. C'est-à-dire qu'il est facile de s'y consacrer à cent pour cent ?

Q : Non, faux.

T : Et enfin : le MMA professionnel féminin a encore beaucoup, beaucoup, BEAUCOUP à montrer ?

Q : Bah vrai.

T : Quentin Arola, merci beaucoup d'avoir participé à cette interview…

Q : Merci à toi.

T : On a beaucoup de choses. On a un avis tranché de quelqu'un qui a vraiment les deux pieds dedans. Le livre sortira l'année prochaine. Je te souhaite une excellente soirée, et toi et moi, nous nous revoyons très vite.

Q : Très vite, ça marche. Ciao.

TÉMOIN N°3

J'appelle à la barre…

NICOLAS OTT

Préparateur Physique et entraîneur

T : Alors **Nicolas Ott,** bonjour, et merci d'avoir accepté cette interview avec nous. Pour les lecteurs qui éventuellement ne te connaîtraient pas, je vais te demander, si ça ne te dérange pas, de te présenter en quelques phrases. Alors : toi, ton parcours, mais aussi tes activités. Je sais que tu vends des programmes, je sais que tu interviens aussi pour l'équipe nationale, etc. Est-ce que tu peux nous parler un petit peu de toi ?

N : Yes. Donc : Nicolas Ott, j'ai trente-cinq ans, je suis préparateur physique, entraîneur et nutritionniste, spécialisé dans les sports de combat, mais j'ai aussi travaillé avec pas mal d'autres sports, notamment par le biais du **CREPS Île-de-France** dans lequel j'ai exercé pendant six ans sur la préparation physique. Donc au CREPS Île-de-France, j'ai notamment encadré : le pôle Espoir volleyball féminin, volleyball masculin, le cyclisme, le basket, le karaté – l'équipe de France de karaté – le hand et puis, de tête…

T : C'est déjà pas mal !

N : C'est déjà pas mal. J'ai aussi été formateur au CREPS Île-de-France, donc formateur sur la méthodologie de l'entraînement, sur des **BPJEPS.** J'ai fait ça pendant deux, trois ans. Donc c'était génial parce que c'était l'opportunité de… disons que j'avais une place qui, je pense, est assez exceptionnelle en France, c'est-à-dire que j'étais à la fois préparateur physique sur le CREPS Île-de-France, et formateur en même temps. Nous, au CREPS, ce n'est jamais arrivé. Et donc cette place, cette double place, me permettait et d'être en cours – on avait une salle de cours qui était collée à la salle de préparation physique – et d'enseigner, je ne sais pas, le développement de la force maximale, de l'explosivité, etc., et instantanément de passer dans la salle de préparation physique avec du matériel que j'avais moi-même commandé, et de mettre en application les méthodes dans une salle de préparation physique. Donc je pense qu'il y a très peu d'organismes en France où on a la possibilité de faire ça, et donc j'avais cette position qui était très cool, très sympa. Et puis en parallèle de ça, j'étais moi-même combattant de MMA, amateur, professionnel, combattant de grappling, etc. Et puis j'ai entraîné en MMA à tous les niveaux, du niveau le plus amateur, débutant total, premier combat, etc., jusqu'aux plus grandes organisations mondiales : l'**UFC**, le **Bellator**, le **Cage Warriors**, le **BAMMA**… Voilà.

T : Oui, donc on peut dire que tu as toutes les casquettes, et justement, on va s'intéresser plus spécifiquement à la préparation physique, puisque si je t'interroge, c'est en tant que préparateur physique, justement : le titre de préparateur physique – tu as évidemment un **Master II** ?

N : Oui, c'est ça.

T :… Le titre de préparateur physique, il est un peu usité par tout le monde et n'importe qui aujourd'hui. N'importe où, sur Instagram, tu trouves des préparateurs physiques… Est-ce que tu dirais que la préparation physique, c'est presque en train de devenir un vrai métier, ou qu'à l'inverse, c'est en train de se perdre, tout et n'importe comment ? Après, on reviendra spécifiquement sur les MMA. Mais je te parle du domaine, du métier de préparateur physique : on va vers le mieux ou on va vers le moins bien ?

N : Moi je pense qu'on va vers le mieux. Je pense qu'on est sur un nivellement vers le haut et je vais t'expliquer tout de suite comment je constate et comment j'observe ce nivellement vers le haut. La première des choses, c'est qu'on a une évolution des mentalités. Moi, quand je suis arrivé en 2015 au CREPS Île-de-

France, donc dans une structure de haut niveau, avec des sports comme le handball sur lequel on forme des champions du monde et des champions olympiques depuis plusieurs générations, dans des sports comme le handball, au CREPS Île-de-France, dans des sports comme le basketball, dans des sports comme le volley, on avait encore une grande crainte de l'utilisation de mouvements comme le squat. On avait encore une sous-utilisation des salles de préparation physique. La transformation des salles : les gens qui ne sont pas allés au CREPS depuis quatre ou cinq ans, quand ils viennent dans la salle aujourd'hui, ils hallucinent sur les moyens techniques. Aujourd'hui, au CREPS Île-de-France, on a des moniteurs Moxy, on a des plateformes de force, on a des outils pour mesurer la variabilité de fréquence cardiaque, on a une cryothérapie, on a une dizaine de racks à squats, deux – non, quatre – plateformes d'haltérophilie, on a quinze, dix ou douze rameurs, douze vélos, plusieurs SkiErgs, plusieurs Wattbikes, etc. Donc aujourd'hui, on a un Vertec ; aujourd'hui, dans ces salles-là, on a des outils qui permettent de travailler d'une manière très proche de ce qu'on voit dans les universités américaines. Ce n'était pas du tout le cas en 2015 quand je suis arrivé là-bas. Premier point. Deuxième point : si on parle de contenu, si on parle de vulgarisation de la préparation physique, si on parle de podcasts, si on parle d'ouvrages, si on parle de… En six ans – 2015, donc six ans – on a une évolution du contenu, une évolution… oui, du contenu. Et ce qu'ont fait les éditions **4Trainer** avec la traduction de livres de **Human Kinetics**, le dernier **Zatsiorsky** qui a été traduit, l'***Encyclopédie de la préparation physique*** par la **NSCA**, tous ces ouvrages qui ont été traduits en français et donc qui permettent d'avoir accès à ce savoir qui était réservé aux anglophones avant. On a les podcasts, l'**Atelier Fit**, les podcasts d'**Aurélien Broussal**, les vidéos que moi-même je peux faire, les vidéos de **Clément Marcou**, la vulgarisation faite par quelqu'un comme **Rémi Physio** avec ses formations, etc. Beaucoup de personnes ont utilisé les réseaux sociaux, Internet, YouTube, Instagram, pour vulgariser leur travail, le mettre à la portée de tous, et donc on a ce que j'appelle un nivellement par le haut, c'est-à-dire qu'on a de plus en plus de gens qui sont informés, et par conséquent, on a des gens qui sont de plus en plus exigeants par rapport au savoir attendu en préparation physique, et je pense qu'on va avoir une démocratisation de la préparation physique et on va avoir des gens de plus en plus formés, de plus en plus qualifiés, de plus en plus compétents, et ça va être de plus en plus difficile pour les imposteurs – ceux qui s'appellent des préparateurs physiques mais sans avoir les connaissances de la préparation physique – ça va être de plus en plus difficile pour eux de continuer à exercer et à trouver une clientèle.

T : D'accord. J'entends. Donc tu me parlais du CREPS, du matériel qui était à la disposition de la formation, donc de la formation *agréée*, de la formation légale puisque, évidemment, ce sont des diplômes, des registres nationaux de certification professionnelle, donc ce sont des diplômes *professionnels*. Moi je suis allé à la fac aussi, plutôt qu'au CREPS, j'ai travaillé un petit peu dans la formation donc avec **Eficiencia**, avec **Didier Reiss**, et du coup, je suis plutôt dans le secteur privé. C'est vrai que dans le secteur privé aussi, on assiste maintenant à des structures qui sont phénoménales, de plus en plus. À du matériel phénoménal, à des installations phénoménales. Tu me parlais d'individus, donc de privés, tu m'as parlé d'Aurélien Broussal-Derval, tu m'as parlé de Clément Marcou, Rémi Physio aussi. Donc tu dirais plutôt que le privé est au service de la formation et pas l'inverse ? Tu penses que la démocratisation du savoir, ça profite à la qualité et que ça ne noie pas les gens dans une masse d'informations ? Parce qu'on a des conflits d'intérêts aussi dans le secteur du sport et de la préparation physique. Des conflits idéologiques, des conflits financiers, aussi, peut-être.

N : De quels conflits d'intérêts tu parles ?

T : Entre différentes structures. Entre des structures de formation privée et des structures de formation publique, entre les différentes personnes qui vendent leur formation à elles, entre différentes salles ou différents centres de préparation physique, entre les différentes organisations qui, par exemple, montent leurs galas, etc. Chacun essaie un petit peu de faire venir manger à son râtelier.

N : Moi je crois beaucoup, comme ils disent aux États-Unis, au « free market ». Je crois beaucoup au marché libre. Je crois beaucoup à l'innovation par le marché libre. C'est-à-dire que si j'essaie de… alors là, on parle économie, du coup, on diverge un petit peu, mais c'est intéressant parce que tu parles de marchés privés et de marchés publics. Si on regarde les innovations : de quel secteur elles viennent ? Elles viennent systématiquement d'un marché privé. Parce qu'en fait, quand je veux être le meilleur, je mets beaucoup d'énergie, je mets beaucoup de temps, je mets beaucoup d'attention, je mets beaucoup, même, d'investissement financier, pour être le meilleur, et par conséquent, je produis quelque chose de qualité. Et si on est plusieurs à vouloir être les meilleurs, on est sur un marché qui est concurrentiel, et donc on se pousse les uns les autres à offrir le meilleur produit au public, et donc à faire en sorte que le public ait accès à un produit de meilleure qualité. Le parallèle que je pourrais faire qui est très très simple, qui est presque trop simple, mais quand France Télécom avait le monopole, on avait des forfaits qui étaient extrêmement chers avec une qualité de téléphonie qui était assez basse. Et depuis qu'on a privatisé ce marché, ben maintenant, pour, je ne sais pas, quinze euros par mois, tu as un forfait Free avec Internet illimité, les communications illimitées, avec SMS, avec la 4G, etc. Donc je crois que…

T : ... Et on peut travailler avec quelqu'un qui est au Mexique. *sourire* *(Nicolas me parlait en visio depuis le Mexique.)*

N : ... Et on peut travailler avec quelqu'un qui est au Mexique. Donc je crois que, quand bien même, on peut dire qu'on est concurrents, Clément, Rémi, etc., même si en réalité, on échange beaucoup, on discute beaucoup ensemble. Je crois que cette concurrence est bénéfique et qu'elle n'est pas que bénéfique pour moi, pour Clément, pour Rémi ou pour Aurélien, elle est bénéfique pour la totalité du marché, c'est-à-dire qu'elle est bénéfique pour l'usager, pour celui qui veut se former, pour celui qui veut bénéficier de conseils, elle est bénéfique. Et moi, ce que je vois dans ma consommation de contenus, parce que je consomme beaucoup de contenus, de formations, de livres, etc., c'est que je peux consommer le contenu de **Mike Israetel** aux États-Unis, qui est un ponte de l'hypertrophie, et en parallèle, je peux consommer le contenu de **Zatsiorsky** qui est un ponte du développement de la force, et en même temps, je peux consommer le contenu de **Joel Jamieson** qui est un ponte du développement de la condition physique, d'**Evan Peikon,** etc. Donc c'est pas parce que je vais acheter le contenu de formation d'un des pontes de la préparation physique américaine que pour autant je ne vais pas consommer d'autres contenus de formation.

T : D'accord. Oui, bien sûr. J'aime beaucoup ton point de vue. Tu m'as cité quelques noms, là... Au tout début de l'échange, tu m'as dit qu'on s'approchait du modèle américain, des universités américaines. Tu es pour le nivellement par le haut par la concurrence, par le fait de se dépasser et donc d'apporter du contenu qui est de plus en plus qualitatif. Et donc, justement, j'ai envie de rebondir là-dessus : on n'est pas réputés, nous, Français – je ne parle pas spécialement des MMA, mais du sport en général – pour être à la pointe de l'innovation en matière, peut-être, de préparation, de physio ou de mécanique.

Qu'est-ce qui nous manquerait ? Qu'est-ce qui nous manque en France ? … Un retard législatif ? On a peut-être mis du temps à légiférer sur certains points. Un retard dans les mentalités ? Pas assez d'argent ? Qu'est-ce qui nous manque ?

N : Eh bien, si on regarde bien – on va repartir sur cette discussion privé/public – le premier constat à faire, c'est qu'on a de très bons résultats aux Jeux Olympiques malgré tout. C'est-à-dire que quand on voit la performance de l'équipe de France de handball, de basket, de volley, quand on voit les performances que nous on a, dans les sports de combat – **Steven Da Costa** que je connais très bien, **Clarisse**, que je connais très bien aussi. On peut constater, c'est la première chose, c'est qu'on est très bons sur l'entraînement. On a de très très bons entraîneurs et on est extrêmement bons là-dessus. Premier constat qu'on peut faire. Le deuxième constat qu'on peut faire, c'est qu'effectivement, sur la préparation physique, on a des lacunes, et que, pour moi, ces lacunes, on est en train de les combler. Je reviens sur… J'ai perdu le fil de ce que je voulais dire. Tu m'as posé une question, et la question que tu m'as posée…

T : Qu'est-ce qui nous manque en France ?

N : Oui, tu m'as posé la question de ce qui nous manque en France. Et je te parlais de formation, de public, de privé, etc. On a eu cette conception en France d'abord, la filière STAPS, c'était une filière qui était là pour créer des enseignants. C'était une filière qui était là pour créer des profs d'EPS. C'était ça la fonction de la filière STAPS. On a eu ce truc de dire que si je n'ai pas le titre de préparateur physique, je ne peux pas être un bon préparateur physique. Si j'ai pas le diplôme, si j'ai pas… En réalité, si on regarde l'évolution des lois européennes, on constate qu'il y a de grandes chances – et c'est ce qui se dit, dans les bruits de couloirs, c'est ce qu'ils disent – c'est qu'il y a de grandes chances que dans les années à venir, on dérégule la préparation physique et l'entraînement et que ça devienne, finalement – un peu comme dans tous les autres pays européens – accessible à n'importe qui sans avoir de BPJEPS, sans avoir de carte professionnelle, qu'on puisse enseigner le sport ou la préparation physique. On tend vers ça, et moi, ce sont les bruits de couloir que j'ai eus de personnes qui sont en rapport avec le gouvernement. Est-ce que… La question que je pose, c'est : la dérégulation de la préparation physique ou de l'entraînement, est-ce que ça va nous amener à des enseignants qui vont être moins bons ? Je ne suis pas sûr. Encore une fois, si on regarde le marché américain, on constate que n'importe qui peut être instructeur de sports de combat, instructeur de préparation physique. Pour autant, on a de très bons instructeurs. Pour autant, on a de très bons préparateurs physiques. Je pense que le marché s'autorégule. Je pense qu'en réalité, quand on dit « n'importe qui peut le faire », eh bien les gens ont d'autant plus tendance à se former pour avoir des diplômes, pour avoir des qualificatifs qui montrent qu'ils sont compétents. Et c'est une formation qui, du coup, ne s'arrête plus, c'est-à-dire que je ne m'arrête pas à mon diplôme de BPJEPS, à ma licence de STAPS, à mon Master STAPS, je ne m'arrête pas parce que je veux continuer à me former, je veux continuer à montrer que je me forme, et donc je me forme en continu, et je continue à enchaîner des qualifications, des formations, des certifications, des lectures… et qu'on soit dans un système qui est régulé ou non régulé, la formation continue est la clé de voûte de la qualité de l'enseignement. Je pense qu'on ne doit pas s'arrêter. Je pense que la performance ne s'arrête pas à la nutrition, à la programmation, à la prophylaxie, à l'entraînement. Il faut être capable de comprendre l'ensemble des différentes choses et on n'est pas obligé de tout comprendre dès le début, mais par contre, au fur et à mesure des années, on doit se former de plus en plus pour augmenter son capital de savoir, et être capable de mieux encadrer les personnes qu'on entraîne.

T : D'accord. Super. Maintenant, j'embraye directement sur les MMA. Sur tout ce qui va être les Arts Martiaux mixtes, ou les sports de combat mixtes, en général. Je demande à tous ceux qu'on interviewe pour le livre s'ils sont capables ou s'ils sont d'accord pour me donner un souvenir, une anecdote particulière. Parce que j'aimerais ancrer un petit peu ça dans le réel. J'aimerais savoir si, là, tout de suite, malgré tout ce que tu as pu voir, tous les gens que tu as pu coacher, tous les galas auxquels tu as pu assister, toutes les relations, tous les moments que tu as pu garder en mémoire, tous les athlètes ; si tu avais une anecdote, une personne, un moment, que tu aimerais mettre en avant et duquel tu aimerais me parler.

N : Mais sur quel sujet ? Parce que des anecdotes, j'en ai un million.

T : Alors sur quel sujet, peu importe, du moment que c'est dans le monde des MMA. J'imagine que tu en as un million. C'est pour ça que cette question c'est la plus difficile et que je la garde pour la fin. Si là, tout de suite, tu en as une que tu veux me sortir.

N : C'est difficile entre guillemets pour moi parce que je ne sais pas de quoi tu veux qu'on parle. J'ai plein d'anecdotes pour illustrer des choses, mais si tu me donnes une direction, si…

T : Une anecdote personnelle, un moment que toi tu as vécu. Qui t'a montré quelque chose, qui t'a donné une révélation, sur un individu, quelqu'un qui t'a inspiré, un moment qui t'a fait comprendre quelque chose, un moment qui t'a fait aimer ton métier plus particulièrement, une réussite, une victoire… C'est facile.

N : Facile ? Non, c'est pas facile.

T : Par exemple, si j'oriente un peu – moi je n'ai pas su répondre à la question quand on me l'a posée… – si je devais te demander ta plus grande réussite en tant que préparateur physique.

N : Elle ne serait pas forcément dans les sports de combat. L'une des choses qui m'a rendu vraiment… Alors bien sûr, en sports de combat, j'ai de belles choses en préparation physique, mais… si tu veux, ce qui est intéressant dans les sports de combat, c'est que j'ai cette double casquette. C'est-à-dire que la préparation physique se fond dans ma casquette d'entraîneur. Et donc le lien est fondu, c'est-à-dire que, comme tu le sais, une préparation physique doit être de plus en plus spécifique au fur et à mesure qu'on se rapproche de l'évènement, à mesure que l'on se rapproche de la compétition, et c'est presque comme s'il y avait une transition qui se faisait entre la casquette de préparateur physique et la casquette d'entraîneur au fur et à mesure du camp d'entraînement, de façon à ce que, quand on est très, très proche du combat, c'est presque qu'une casquette d'entraîneur, et quand on est très loin, c'est plutôt une casquette de préparateur physique. Et ce fondu, cette transition sans accroc, c'est vraiment progressif, je pense qu'elle est capitale pour faire un travail de très très grande qualité. Elle est capitale parce que ce qu'il se passe, et sur la préparation physique et sur la nutrition et sur l'entraînement, c'est que je suis capable de savoir ce qu'il se passe parce que j'ai vécu tout ça. J'ai moi-même été combattant, j'ai vécu le cutting…

T : … Ça va amener une autre question. Super.

N : … Et donc, ce que j'aime, c'est avoir une vision intégrée de la nutrition, de la préparation physique, de l'entraînement, avoir une vision holistique. Et donc je pense qu'aujourd'hui, la préparation physique moderne, c'est avoir cette vision holistique. L'erreur, si je peux dire, une des grandes erreurs que font les gens, c'est de penser que la préparation physique, c'est deux jours par semaine. Le mardi et le jeudi matin, quand je suis en salle de muscu, c'est ma préparation physique. Non. La préparation physique, c'est lundi, c'est mardi, c'est mercredi, c'est jeudi, c'est vendredi, c'est toute la semaine d'entraînement, c'est ton sommeil, c'est ton alimentation. Ta préparation physique, c'est l'ensemble des facteurs. Et ça, c'est ta préparation physique. Si moi, en tant que préparateur physique, je ne te pose la question que de savoir ce que tu fais le lundi et le mardi quand tu es en salle de musculation, alors je n'ai absolument rien compris à l'adaptation, au stress, à ce qu'il se passe dans ton corps. S'il n'y a pas une gestion de ce qu'il se passe d'un point de vue nutritionnel, de ce qu'il se passe d'un point de vue sommeil, si je n'ai pas une gestion de ce qu'il se passe dans tes entraînements, de ton stress vécu en dehors de la salle, alors je n'ai rien compris à la préparation physique. Donc je pense qu'il y a un moment où il faut comprendre que la préparation physique est une partie de la physiologie, la physiologie est une partie de la biologie, et il y a un moment où on apprend sur la préparation physique en s'écartant de la préparation physique, puis en lisant des livres de préparation physique, puis en lisant des livres de physio mais en allant chercher des livres de bio. Moi j'aime beaucoup **_Biologie du sport_** de **Weineck**, qui est un très vieux livre, qui coûte que dalle, on peut le trouver à dix balles sur Rakuten. Et c'est un livre qui est fascinant parce qu'on parle de biologie, d'adaptation. J'aime beaucoup les ouvrages de **Robert Sapolsky** sur l'adaptation par rapport au stress, sur le fonctionnement humain. Et ce sont des ouvrages sur lesquels on apprend comment le corps gère le stress, et nous, ce qu'on fait, c'est mettre un stress sur l'organisme et adapter l'organisme par rapport au stress que l'on met sur cet organisme. Et en réalité, la préparation physique, c'est ça. Et donc, quand on est jeune préparateur physique, on s'intéresse à des ouvrages très très précis : le développement de la force par Zatsiorsky, le… je ne sais pas, l'*Encyclopédie de la préparation physique*, etc. Donc c'est très précis, ce sont des protocoles très précis et je pense que plus on est confirmé dans la préparation physique et plus on s'éloigne de ces choses-là. Et plus on s'intéresse à l'adaptation du corps. Et donc on s'oriente vers la physio, on s'oriente vers la bio, et là on commence à comprendre effectivement comment le corps s'adapte de manière générale, comment l'organisme s'adapte, comment l'organisme fonctionne, et quels sont nos points de ressemblance avec les autres animaux, etc. Et on a cette vision qui est beaucoup plus holistique et beaucoup moins précise et on comprend que, ben peut-être que huit reps à soixante-dix pour cent, ça ce sont des chiffres qu'on nous donne, ce sont des bases qu'on nous donne, on a besoin de ces bases-là quand on commence, mais on comprend que la réalité de l'adaptation, c'est pas cinq reps, c'est de la force, et huit reps, c'est de l'hypertrophie. C'est un continuum, c'est un spectre, comme le spectre des couleurs, et en réalité, ça va de l'un vers l'autre, et le stress est plutôt de l'un, plutôt vers l'autre mais il n'est pas défini comme ça, de manière très précise et très catégorique.

T : Je te remercie, parce que tu vas me donner un angle d'analyse pour l'interview. Du coup, je rebondis justement là-dessus : toi tu as, comme tu me disais et c'est super important, la double casquette. Donc tu es entraîneur et préparateur physique, et tu me disais que ça ne s'arrête pas là. Et c'est très intéressant parce que, arrête-moi, coupe-moi si tu penses que je me trompe : on est aujourd'hui dans une structure d'entraînement type salle de boxe… Il n'est pas rare d'avoir un athlète qui, comme tu le disais, le lundi va voir le préparateur physique qui va lui donner un programme ; le mardi, il va voir le coach de boxe : axe spécifique, travail au corps ; le samedi, il fait son sparring ; et le patron de la salle vient voir – ça m'est arrivé – le préparateur physique le lundi pour lui dire : « Oh, il manquait un peu de patate, est-ce que lundi tu peux refaire un peu de puissance ? » Et derrière il a un nutritionniste pour gérer son poids, et ensuite il a peut-être un hypnothérapeute pour gérer son stress, et si on a un peu de budget, on va faire venir un préparateur mental deux jours avant pour lui faire « visualiser la victoire ». Ça se passe très souvent comme ça, et je suis ravi de t'entendre dire qu'en fait, tout ça, c'est un peu la même chose. Il n'y a qu'une seule personne qui combat, là. Avec ses doutes, ses peurs, ses forces physiques et physiologiques, son âge, ses antécédents. Donc voilà. Et justement, on pourrait dire, alors, que toi – tu fais aussi de la programmation, je le sais, pour des gens qui ne sont pas athlètes, ou pas athlètes professionnels – tu travailles aussi bien avec des athlètes, donc tu les entraînes, tu les prépares, et peut-être aussi dans tous les domaines de leur vie. Donc on pourrait dire que ton anecdote à toi, arrête-moi si je me trompe, c'est à chaque fois qu'un de tes élèves réussit dans n'importe quel domaine ? C'est une fierté équivalente et t'as pas un souvenir qui va ressortir plus qu'un autre.

N : Non… Si, j'ai plein de souvenirs qui sortent, parce que… mais les souvenirs, ils sont liés à des émotions, en réalité. Ils sont liés…

T : Oui, exactement, d'accord.

N : Comme je dis souvent, c'est paradoxal, mais la victoire, quand **Samir Faiddine** gagne la ceinture du Cage Warriors, je ne suis pas là. Je ne suis même pas là. Je ne suis même pas dans son coin. Mais le parcours, notre histoire, la relation qu'on a forgée au cours des années de préparateur physique, d'entraîneur, d'ami, fait que pour moi, c'est un des plus beaux moments, malgré le fait que je ne sois pas là.

T : Je sais bien que… Vas-y, termine.

N : Voilà, c'est des moments comme ça. J'ai, je te dis, au CREPS, j'ai ce mec-là qui prend la direction de l'équipe de France… Je suis au CREPS Île-de-France, et j'ai cet entraîneur qui vient d'arriver en poste et qui dit : « OK, moi je vais étudier toutes les structures de préparation physique en France, tous les pôles de performance sur le volleyball féminin, et je vais mettre des chiffres sur la taille des joueuses, l'évolution de leurs performances, combien rentrent en équipe de France, combien performent à haut niveau, etc. » Et donc il commence à tout chiffrer. Et il fait un rapport annuel. Et dans son rapport annuel, il met en exergue, il met en avant, la qualité du travail qu'on fournit au CREPS Île-de-France. Il met en exemplarité, c'est-à-dire qu'il dit, en gros : « Je veux que les autres pôles copient ce qu'il se passe au CREPS Île-de-France. » Et ça, pour moi, ça a été une grande fierté parce que c'est quelqu'un de l'extérieur, que je ne connais pas, que je ne côtoie pas, qui s'est appuyé sur des chiffres. Et à la fin de ces chiffres, il a dit : « Wow, le travail que vous faites au CREPS Île-de-France, c'est le travail que je veux que tous les pôles de France copient. » Il n'a pas dit, attention, parce que ça aurait été facile : « C'est facile de performer quand tu es le CREPS Île-de-France. » Parce que tu as les meilleurs athlètes. Donc lui, c'est un facteur qu'il a pris en compte. Il a dit : « OK, quelles sont les moyennes d'âge des filles qui rentrent, quelles sont leurs tailles, quelle est l'évolution de leurs perfs, quels sont leurs nombres de blessures ? », etc. Et à la fin de son rapport, en ayant tout pris en compte, il dit : « Voilà quel type de travail je veux qu'on mette en place. » Grande fierté de ma part. Énorme fierté de ma part. Et puis ensuite, j'ai des victoires… On parle de Samir, on parle de l'UFC, on parle de… mais j'ai des trucs comme **Arès**, où on a quatre athlètes qui combattent, quatre athlètes qui affrontent des combattants de très haut niveau. **Damien** qui affronte quelqu'un qui sort de l'UFC, **Taylor** qui affronte quelqu'un qui est sur le point d'aller à l'UFC… Il y a un management de la nutrition, de la préparation physique, de l'entraînement. Je suis dans le coin de Damien, de **Rizlen**, de Taylor, et on sort de cet évènement avec quatre combats, quatre victoires. Et là, wouaoh ! Fin de soirée, tu es heureux. Tu vois : tu es heureux, tu as un soulagement, tu dis : « Putain on a bien bossé, on a bien fait le taf. » Donc ça c'est des grands moments de plaisir, de satisfaction. Après, je dirais aussi que l'humain a cette tendance à être plus fort d'un point de vue émotion, à être plus fort dans la peine que dans le plaisir. Parce que le plaisir il est presque attendu, la victoire elle est presque attendue, alors que la peine de la défaite, elle est terrible. Moi je me rappelle avoir accompagné **Arnold Quero**, qui est sur le point de signer à l'UFC, il est vraiment… c'est-à-dire qu'on lui a présenté un contrat, mais il n'a pas les papiers, etc., donc il ne signe pas à l'UFC. On lui propose de faire un dernier combat. Il affronte un mec que, sur le papier, Arnold, neuf fois sur dix, il le bat, et puis le mec prépare bien le combat, et puis dans les douze premières secondes, Arnold perd par KO au premier round. Douze secondes. On perd par KO. Et c'est adieu le rêve de l'UFC. Et ça, c'est un souvenir désastreux quoi, c'est une grande peine de voir la souffrance d'un athlète, de voir, ben, le changement de carrière. C'est quelque chose qui aurait pu changer sa vie. Et donc ça, c'est des souvenirs forcément qui marquent à vie, quoi. Donc on a de très, très beaux souvenirs, et puis on a des souvenirs qui sont très durs. Dont tu mets une semaine, deux semaines à t'en remettre parce que voilà, ça tourne, ça tourne, ça tourne, ça tourne dans ta tête. Tu te dis : « Qu'est-ce que j'aurais pu faire mieux ? Comment j'aurais pu modifier ? », etc. Et puis des souvenirs d'équipe. Moi j'aime beaucoup les voyages d'équipe, donc les **championnats du monde au Bahreïn** en équipe, où en coach avec **Youri**, avec qui j'avais participé aux championnats du monde, en tant qu'athlètes. Championnats du monde amateurs de MMA. Et puis cinq ans plus tard, on se retrouve aux Championnats du monde en tant que coachs. Et on sort des championnats du monde avec deux médaillés, et les deux médaillés sont deux médaillés de notre club. Je crois qu'en tout, on part avec quatorze ou quinze sélectionnés, et il n'y a que deux médaillés, et les deux médaillés sont deux médaillés de notre club. Deux médailles de bronze, donc ça c'est une grande fierté, c'est un grand… et puis on le fait avec Youri, donc c'est une belle aventure, quoi. Donc moi, c'est ce que je garde, c'est des moments d'émotion comme ça. De belles aventures, de beaux échanges, voilà. C'est ça que j'ai envie de garder. L'humain, en fait.

T : D'accord. Alors je te le dis dans l'enregistrement, tu as vu, je te pousse un peu pour sortir des anecdotes, tout ça. Je sais bien que sortir un nom, un évènement, et tout, ça, dans la tête, spontanément, ça paraît injuste pour tous les autres, et tous les machins. Et tu vois, tu en as un qui vient, et j'encourage les lecteurs, puisque ce sera retranscrit fidèlement, tous ces noms-là, tous ces évènements-là, les gens qui ne savent pas vont les taper, ça ancre dans le réel. Parce que sinon, voilà, on a peur que ce soit très arbitré et là ça leur donne des noms, des dates, des évènements et on ne peut pas attirer la lumière sur tout le monde, mais au moins on a donné… même si c'est injuste pour tous ceux qui n'ont pas été cités, et ça ne rend pas justice à tous les évènements. Mais merci en tout cas de nous avoir partagé ça. J'ai une dernière question. On essaie de donner un axe au livre. Un axe un petit peu plus féminin, sur les MMA féminins. Je pose la question à tous les intervenants. Tu seras d'accord pour dire qu'il y a, comme dans beaucoup de sports, un écart énorme de popularité et de mise en avant entre les MMA masculins et les MMA féminins. Avec toi, j'aimerais qu'on l'aborde avec l'axe de la préparation physique. Est-ce que tu peux me donner des différences fondamentales dans la gestion de la préparation physique d'un combattant et d'une combattante ? Le professionnel, hein. Le préparateur physique.

N : Moi, le préparateur physique professionnel, ben déjà, dans la gestion du poids, on a le cycle menstruel qui a une grosse influence d'un point de vue hormonal sur la gestion du poids. C'est quelque chose qui est à prendre en compte. On sait qu'on a des périodes sur lesquelles on est plus propice aux blessures, on sait qu'on a des périodes dans lesquelles on a une augmentation de la capacité d'entraînement, de la force maximale, de l'explosivité, de l'énergie qu'on peut donner. Déjà, se familiariser avec le cycle menstruel, le prendre en compte, ce sont des éléments qui sont déterminants, qui sont importants. On a une gestion émotionnelle des évènements qui est aussi différente. C'est important aussi. Et puis… donc ça c'est sur les différences majeures. Je pense que sur les différences majeures, voilà, c'est ce qu'on a. Maintenant, ce qui est aussi important à prendre en compte, c'est que la femme, c'est pas une petite chose fragile, comme ça, qu'on peut pas entraîner. Je reprends l'exemple de mes volleyeuses. J'ai vu beaucoup de personnes choquées par les performances que mes volleyeuses étaient capables de faire. Avec deux séances de préparation physique par semaine, avec le principe de base de l'entraînement, le *progressive overload*, la surcharge progressive, on obtient des choses qui sont fabuleuses. J'ai une athlète là, **Leïla**, qui fait cinquante-cinq kilos et qui… j'ai mis une story Instagram il n'y a pas longtemps sur elle. Cinquante-cinq kilos, ancienne championne de France de boxe anglaise, combattante professionnelle de MMA…

T :… Quatre fois cent, c'est ça ?

N : Hein ?

T : C'est quatre fois cent au squat ? Pardon, je t'ai coupé.

N : Quatre fois cent au squat, oui. Quatre fois cent au squat, sur une amplitude complète. Avec des chaussures, tu l'as vu, qui étaient même pas adaptées, et on a un quatre fois cent au squat, quoi. C'est très, très, très sérieux comme performance.

T : Surtout que – pardon je te coupe, parce que les gens n'ont pas vu la vidéo, mais moi je l'ai vue ; c'était il y a quelques jours, là, donc c'est pour ça que ça me revient – c'est facile de dire « quatre fois cent au squat », mais le squat en question est impressionnant.

N : C'est ça.

T : La technique d'exécution du squat en question était impressionnante. C'était quatre fois cent au VRAI squat. Donc, les gens : allez voir, éventuellement, la vidéo de cette personne. Ceux qui liront. Vas-y, je te laisse poursuivre ; pardon.

N : Non, c'est ça. C'est ça, donc… moi, je montre souvent **Louane** qui avait quinze ou seize ans et qui épaulait soixante-dix kilos au *Powerclean*. C'est une nana qui fait moins de soixante-dix kilos. Donc elle épaule son poids de corps à quinze, seize ans. On a des… On a des athlètes qui sont des athlètes et qu'il faut considérer comme des athlètes, et qu'il faut entraîner comme des athlètes. Et qui ont cette volonté de performer, etc. Donc, effectivement, il y a des différences hormonales qu'il faut prendre en compte, il y a des différences sur l'indice de masse grasse, il y a des différences sur la fluctuation du poids, sur la fluctuation du niveau de force et d'énergie au fur et à mesure du cycle, mais pour autant, on a des sportives, attention, quand elles sont prises en main et quand elles sont confiantes, et quand elles ont cette volonté d'y aller, qui peuvent aller extrêmement loin dans la performance, et dans l'abnégation, et dans l'effort, et dans la souffrance, et dans la volonté de performer et pour lesquelles,

AVEC lesquelles, c'est un énorme plaisir de travailler. Moi, j'ai travaillé avec beaucoup de femmes. Et moi, par exemple, j'éprouvais plus de plaisir à travailler avec les femmes en volleyball qu'avec les hommes. Elles sont extrêmement consciencieuses, elles ont cette volonté d'appliquer à la lettre les programmes qui sont fournis. C'est un vrai plaisir. C'est un vrai plaisir de travailler avec elles.

T : Tu dirais que les MMA – on revient aux MMA – que le MMA féminin n'a que de beaux jours devant lui ?

N : Ah oui, ça va être fabuleux, on va voir des trucs fabuleux. Et souvent, alors si on parle de MMA féminin, on a de l'engagement dans les combats en MMA féminin qui est incroyable. Vous regardez un combat de… moi, j'ai accompagné plusieurs fois Rizlen sur des combats ; **Rizlen Zouak, Valérie Domergue**, c'est des combats sur lesquels c'est spectaculaire. Il y a un engagement physique, ça tourne pas autour du pot, quoi. On sait ce qu'on est venu faire, on est venu faire du combat et ça tourne pas autour du pot. Donc c'est très spectaculaire, c'est très intéressant, c'est très beau à voir.

T : D'accord. Pour ce qui est de l'entretien, on s'arrête ici. Donc, Nicolas Ott, je te remercie beaucoup, surtout qu'on ne se connaît pas personnellement, d'avoir participé aussi spontanément et aussi gentiment, de nous avoir livré autant de choses sans langue de bois et de donner autant de contenu. On a un vrai regard professionnel et plusieurs opinions pour le livre qui sortira donc en 2022. Le titre n'est pas arrêté à l'heure actuelle. Aux **Éditions JDH**. Je vais couper l'enregistrement dès à présent. Un mot de la fin ?

N : Mot de la fin… Je pense qu'on a, et le MMA, et la préparation physique – puisque c'est les deux sujets qui sont abordés dans ton livre – ont de beaux jours devant eux. Et je crois vraiment qu'il faut être positif, il faut amener de la bonne énergie, je crois vraiment à un nivellement vers le haut. Et moi, je vois beaucoup de curiosité, beaucoup d'envie d'apprendre de la part des jeunes préparateurs physiques, de la part… voilà. Il ne faut pas avoir ce discours un peu pessimiste qu'on peut avoir parfois. Moi je vois des gens au quotidien qui ont cette envie d'apprendre, qui ont cette envie de se former, qui ont cette envie de mieux faire, qui n'avaient pas forcément les moyens jusqu'à présent de le faire, de se former, d'apprendre, mais qui, aujourd'hui, avec les formations qui arrivent, vont fournir un travail qui va être de plus en plus qualitatif. Moi j'y crois. Fort.

T : Merci. Merci, Nicolas Ott.

TÉMOIN N°4

J'appelle à la barre...

BENOÎT SAINT-DENIS

Combattant professionnel à l'UFC

T : Alors, **Benoît Saint-Denis**, bonjour, et merci d'avoir accepté cette interview, de nous avoir donné de ton temps. Alors, pour les gens qui ne te connaîtraient pas, éventuellement, à la lecture de l'ouvrage : je vais te demander assez rapidement de redétailler un petit peu ton parcours. Qui est Benoît Saint-Denis, et surtout, qu'est-ce qui fait de Benoît Saint-Denis un combattant, aujourd'hui, de l'**UFC** ?

B : Salut Tancrède. Eh bien, je vais t'expliquer tout ça et je vais te faire un petit résumé de mon parcours dans les arts martiaux mixtes. C'est un plaisir de participer à ton ouvrage. Alors moi, j'ai commencé les sports de combat… j'ai commencé quand j'étais gamin. J'ai fait – de huit à seize ans – du judo. Mais c'était vraiment plutôt loisir. J'aimais bien, ça m'a donné un peu le goût ; de temps en temps, on faisait des compétitions, je m'entraînais une à deux fois par semaine en judo, jusqu'à l'acquisition de la ceinture noire de judo à mes seize ans. Mais je me suis beaucoup blessé au judo, parce que c'était un club qui était quand même correct, compétitif, mais comme les mecs n'étaient pas sport-études, c'était un club à l'ancienne. Du coup, il y avait beaucoup de blessures, le judo ça casse beaucoup, parce que tu répètes beaucoup les mêmes mouvements. Et j'étais un des plus légers du club à l'époque, en étant gosse, donc du coup, je me blessais pas mal. Donc j'ai délaissé le judo pour me consacrer à ce que je voulais faire, c'est-à-dire les Forces Spéciales françaises avec un recrutement dès l'âge de dix-huit ans. Donc j'ai fait pas mal de prépa physique, enfin basique, de la course à pied, du poids de corps, pour prétendre aux sélections. Donc j'avais arrêté les sports de combat à seize ans. Et vers l'âge de vingt-et-un ans, j'ai repris les sports de combat par le jiu-jitsu brésilien en 2017 avec **Christophe Savoca**, qui est un ceinture noire deuxième dan de jiu-jitsu brésilien basé à Bayonne, là où j'étais du coup dans les Forces Spéciales, vu que j'avais réussi le cursus et que j'étais opérateur. Mais je voulais retrouver, regoûter un peu aux sports de combat et ça m'avait passionné et j'ai eu un déclic : j'ai eu envie de me remettre aux sports de combat. Et en fait, tout de suite, je suis tombé amoureux des sports de combat. Au bout de deux semaines, j'ai fait une première compétition de ceintures blanches que j'avais gagnée, donc j'ai eu très rapidement la ceinture bleue. Bon, après, c'était facile avec les acquis du judo ; ça allait plutôt vite. Mais vraiment, je me suis passionné pour le jiu-jitsu brésilien. Et fin 2017, j'ai commencé le pieds-poings à **CyFit**, qui est un club de pieds-poings à Bayonne. Et donc je faisais pieds-poings et jiu-jitsu brésilien, donc en kimono, et pieds-poings à Cyfit, où il y avait **Stéphane Susperregui**, qui est un pro très connu dans le multicombat au **Glory**, qui est une des meilleures orgas, voire la meilleure orga mondiale dans le pieds-poings. C'est un combattant de quatre-vingt-quinze kilos qui est méconnu en France parce que c'est un Basque qui est un peu dans son coin, mais qui est un très très bon combattant – il avait battu à l'époque **Micheletti** qui était numéro deux du Glory, et il aurait pu d'ailleurs affronter **Pereira**, dont tout le monde parle en ce moment, qui est à l'**UFC**, qui vient de signer à l'UFC et de mettre un gros KO, qui a été champion dans cette caté aussi. Donc voilà : passionné, pieds-poings pareil, j'ai été sparring partner pour Steph rapidement alors que j'étais plus léger, parce que j'avais un profil intéressant, j'étais dynamique, j'avais faim. Donc je me suis retrouvé, mi-2018, à essayer le MMA, puisque je me suis dit : « Je fais du sol, je commence à être bien en compétition, j'ai gagné toutes mes compétitions en ceinture bleue en jiu-jitsu brésilien », et je me débrouillais très bien en pieds-poings. Enfin, très bien pour le niveau amateur ; donc j'ai essayé le MMA. Je suis allé à Londres, au **London Shootfighters**, où j'ai essayé, là où il y a **Michael Venom Page** ; j'ai essayé le MMA, j'ai accroché parce que j'avais déjà rivalisé avec les professionnels alors que j'avais aucune expérience du MMA. Et donc je me suis dit :

« Pourquoi pas tenter l'aventure ? » Et je me suis retrouvé à faire un tournoi amateur que j'ai gagné, qui était l'**Invictus de San Sebastian** – en quatre-vingts kilos c'était – et le quatrième combat de la soirée… C'était des combats en un round, donc un peu boucherie, et tu pouvais affronter… tu pouvais tomber sur un professionnel comme tu pouvais tomber sur le boucher du village. Donc moi, j'ai alterné. J'ai pris un mec qui était pro en Muay Thai. Au premier fight, je l'ai soumis. Deuxième fight, j'ai pris un mec, bon, qui était bourrin, qui avait aucune technique, c'était le boucher du village, mais qui était solide mentalement. Troisième fight, je prends un mec un peu mieux, mais bon, pas terrible non plus. Et dernier fight, je prends un professionnel qui était à 1-0 en pro déjà à l'époque et je gagne mon combat contre lui. C'est le seul que je ne finalise pas de la soirée, mais j'étais pas loin de le finaliser à la fin ; c'était un ceinture marron très expérimenté aussi et champion d'Espagne, je crois, en ceinture marron en jiu-jitsu brésilien donc solide, et 1-0 en pro en MMA. Et donc je me suis dit : « Ben tiens, je suis compétitif, ça se passe bien, j'adore ça. »

Voilà, en trois mois de pratique, je gagne ça, donc je me suis dit : « Ben impeccable, je vais m'orienter vers ça. » Et il y a eu les sélections dans la foulée pour le **Venum Training Camp,** pour la team **Venum Elite** avec **Daniel Woirin**. Et Daniel Woirin m'a dit : « Ben écoute, à la fin de ton contrat militaire, tu viens, il n'y a aucun souci. » Et je me suis retrouvé, du coup, à la Team Venum à l'issue de mon contrat militaire. Donc j'étais encore en contrat quand j'ai fait mes deux premiers combats pros, puisqu'il s'arrêtait en mars 2019 et qu'en février-mars, j'ai fait mes deux premiers combats professionnels. Que j'ai remportés, avec le deuxième qui était assez dur. Contre un lutteur olympique de Pologne, donc c'était un combat assez engagé, c'est le seul où je suis allé au troisième round, hormis le dernier fight, hormis mon dernier combat, qui a été à la décision… mon premier combat d'ailleurs qui va à la décision. Et voilà, et donc je me suis retrouvé à monter les échelons, après, petit à petit, avec **Guillaume Peltier** comme manager, qui a fait un super travail, qui m'a monté étape par étape. Alors, on prenait quand même des grosses étapes, c'est-à-dire qu'on faisait de vrais steps à chaque fois, mais c'était pas non plus des steps qui étaient complètement fous, mais il y avait des vrais… c'est-à-dire que je suis passé d'un mec… j'ai affronté un 0-0, puis un 4-0, puis un 7-1, puis un… je sais plus… un 30… un 35-20, puis un… j'avais affronté aussi un 2-0 au troisième combat, je crois, c'est la seule fois où j'avais affronté un mec avec le même palmarès que moi, c'était mon troisième combat, où j'étais à 2-0, sinon à chaque fois, c'était des palmarès plus importants que les miens. Donc c'est ce qui m'a permis de monter rapidement, en fait. Parce que je me suis retrouvé à affronter **Luan Santiago** qui fait partie de la team d'**Elizeu**, là, que j'ai affronté il y a un mois, qui est son sparring partner et donc que j'ai soumis, donc c'était un peu leur revanche à prendre. Mais bon, qui était un ancien champion du monde du **Brave** en soixante-dix kilos. Donc qui était plus accessible pour moi, puisque physiquement il était moins épais qu'Elizeu. Et donc, lui, je l'ai battu par soumission au Brave pour la place de contender numéro un pour la ceinture à mon… ça devait être mon septième combat.

Et donc je me suis retrouvé à 7-0 avec une victoire sur un mec top cent cinquante mondial de **Fight Matrix**. Et… ce qui m'a projeté en avant. Donc l'UFC a commencé à s'intéresser à moi, à me mettre sur la liste de leurs remplaçants. J'ai eu une victoire de plus contre un adversaire, c'était la… bah d'ailleurs mon seul combat contre un adversaire moins bien classé que moi : c'était mon combat avant celui contre Elizeu parce qu'on ne trouvait plus d'adversaire au Brave. On devait faire la ceinture mais on n'avait pas de réponse du champion, puisque j'étais contender numéro un depuis ma victoire contre Luan. Et donc je me suis retrouvé à gagner contre **Arkaitz Ramos** et de là à l'UFC en remplacement short notice sur trois, quatre semaines, contre **Elizeu Dos Santos** qui était le numéro douze mondial de la catégorie des soixante-dix-sept kilos. Et voilà, donc cette aventure, elle s'est faite essentiellement avec Christophe Savoca, Guillaume Peltier et Daniel Woirin, mon headcoach, qui me suit toujours et qui est toujours mon headcoach. Et maintenant, il y a **Thomas Loubersanes** et **Mustapha Slimani** qui sont deux gars qui me coachent également depuis peu, pour améliorer ma lutte et mon sol, dans certains domaines, dans le domaine des positions et de la pression, et Christophe Savoca qui me suit toujours à distance. Et j'ai aussi **Fabien Berenguel**, c'est mon préparateur physique. Donc là, voilà, c'est à peu près toute l'équipe en tout cas, des gens qui sont autour de moi, qui me coachent. Et après, il y a **Jorick Montagnac** et **Matthieu Letho** qui sont mes sparring partners depuis maintenant deux ans, très, très régulièrement. D'ailleurs, je vais coacher Matthieu le 11 décembre, qui a un combat le 11 décembre, là, dans le Luxembourg. Donc Jorick qui a 3-1 et Matthieu qui a 1-1, qui sont deux combattants très prometteurs dans la catégorie des quatre-vingt-quatre et quatre-vingt-treize kilos.

T : Super. Donc oui : ce qui choque dans ton parcours… ce qui choque ; ce qui *frappe* dans ton parcours, c'est quand tu nous expliques que, ben finalement, tu as commencé le MMA – le pur, le dur, le vrai – en 2018. Trois ans après, Benoît Saint-Denis, c'était avant ce fameux combat à l'UFC 267, 8-0 dont huit finalisations. J'ai eu la chance de parler avec Guillaume Peltier de ton ascension justement, qui m'avait expliqué ce processus d'ascension graduelle. Je ne vais pas te faire l'affront de revenir sur cet UFC 267, de te demander une analyse, ce qui a marché, ce qui n'a pas marché, comme on a dû te le demander déjà deux mille fois depuis. Moi, ce que j'aimerais te dire, c'est que bien que tu aies perdu ce combat, tu as marqué les esprits. Ta popularité, en tout cas en France, est en train d'exploser et, à mon avis, ne fera qu'exploser dans les années à venir. Alors : quelle est la suite, aujourd'hui, pour Benoît Saint-Denis ; des projets professionnels dans le combat, en dehors du combat… c'est quoi les années à venir ?

B : Ben clairement, au vu de… clairement, l'objectif, c'est d'aller le plus loin possible dans la catégorie des soixante-dix kilos. Voilà, ce combat, j'ai eu un petit peu l'arrogance d'essayer de sauter toutes les étapes. Là, c'était vraiment cramer toutes les étapes, hein, je suis passé de… parce que prendre le numéro douze mondial dans une catégorie de poids au-dessus, clairement, si je le… si je remportais ce combat, je me demande si c'était pas du jamais vu. Parce que c'est prendre un mec classé dès son premier combat dans la catégorie de poids au-dessus et l'emporter, ça aurait été magnifique. Bon voilà, malheureusement, ça a été un combat très, très dur, une grosse guerre et une défaite à la décision. Mais clairement, je vois la suite positivement dans la catégorie des soixante-dix kilos. Ça m'a permis de voir que bon, tout le monde cutte ; il y a une raison. Si, **Khabib**, il est invaincu. Si on regarde bien tous les mecs qui sont invaincus, c'est des mecs qui n'ont pas changé de catégorie de poids. **Adesanya**, la seule fois où il a changé de catégorie de poids, il a perdu. Parce que je pense que… je pense que s'il y a des catégories de poids, c'est pas pour rien. Et il y a un poids dans lequel tu es vraiment, tu peux faire partie du top cinq, top dix mondial, et après il y a un poids au-dessus, le top cinq, top dix est quand même très difficile parce que tu pars avec un désavantage physique, et je pense qu'à ce niveau-là, ça ne pardonne pas. Et j'ai pu un peu l'expérimenter avec ce combat contre Elizeu. Donc moi, je me projette positivement sur les soixante-dix kilos, qui est une très, très belle caté, et ça j'en suis fier – comme les soixante-dix-sept, d'ailleurs.

Soixante-six, soixante-dix, soixante-dix-sept : je pense que c'est les trois plus belles catés de l'UFC. Parce que c'est là où il y a le plus de monde, parce que le plus de monde sur la planète faisant du sport tourne autour du poids de soixante-quinze à quatre-vingt-dix kilos, donc c'est le poids des soixante-six à soixante-dix-sept environ avec le cutting. Donc hors saison, soixante-quinze à quatre-vingt-dix kilos, c'est un poids à peu près… c'est un poids très courant, on va dire, pour un sportif, dans les sports de combat. Et voilà, et donc une fierté d'être dans ces soixante-dix kilos, et maintenant, il va falloir aller chercher des victoires, et il va falloir monter progressivement les étapes pour, voilà, pour espérer rentrer dans le top quinze dans la catégorie des soixante-dix et aller le plus loin possible, tout simplement. J'aurais pas l'arrogance de parler de ceinture comme certains le font. Je vais faire comme j'ai toujours fait jusqu'à présent – je fonctionne étape par étape – et essayer d'aller chercher des victoires jusqu'à être classé et continuer ainsi.

T : D'accord. Alors tu dis que tu n'as pas l'arrogance de parler de ceinture. C'est un très bon mot, je trouve. Tout à l'heure, quand je t'ai demandé de parler de ton parcours, quasiment la première chose que tu as faite, c'est mettre en avant tes partenaires, nous parler des gens avec qui tu travailles et citer des noms, voilà. Pourtant, Benoît Saint-Denis, aujourd'hui, est-ce qu'on peut pas dire que c'est un exemple de la réussite à la française ? Tu nous as parlé de ton parcours dans les Forces Spéciales, du Venum Training Camp, de Daniel Woirin. C'est un exemple peut-être pour tous les jeunes Français, du MMA français, qui voudraient percer, qui voudraient arriver à un très haut niveau… Qu'est-ce que, selon toi, en France, on a à faire valoir sur la scène internationale et qu'est-ce qu'à l'inverse… qu'est-ce qui nous manquerait en France ?

B : Je pense qu'en France, on a des… on a certaines personnes qui ont une qualité incroyable, et donc mon coach en fait clairement partie : Daniel Woirin, qui a fait plusieurs ceintures à l'UFC, il a fait des coins de gars qui sont légendaires maintenant à l'UFC, qui sont des **Hall of Famer** comme **Anderson Silva, Lyoto Machida, Dan Henderson**… J'en passe. Il y a de très, très bons prospects, il y a de très bonnes teams, il y a la **Atch Academy**, il y a le **NRfight**, il y a le **MMA Factory**, il y a… ben la team de **Quentin** à Toulouse ; ils commencent à faire du très bon travail manuellement avec ce qu'ils ont, parce que les mecs, il y a une très bonne ambiance dans la salle et ils se poussent vers le haut. Je pense qu'en fait, nous, les Français, on n'a pas à rougir du point de vue de l'envie et des qualités techniques dans certains domaines, notamment le pieds-poings. D'ailleurs on le voit, la plupart de nos athlètes, là où ils sont les plus performants sur la scène internationale en MMA, c'est souvent le pieds-poings ; on est souvent réputés pour ça. Et c'est vrai qu'on a… je pense qu'au niveau du pieds-poings, on est un des pays les plus gâtés sur la scène internationale. Malgré le fait qu'on soit pas un des plus grands pays. Le problème qu'on a, c'est qu'effectivement, il y a le judo qui est très fort en France, mais la lutte, la lutte libre adaptée au MMA est un peu moins populaire, donc on a la difficulté de trouver des coachs spécifiques de lutte adaptée au MMA. C'est vrai que ça, c'est un axe de travail. Ils sont peu nombreux. Il y en a en France, mais c'est vrai qu'ils sont peu nombreux ; ils sont très prisés, ils sont pris d'assaut, donc pour pouvoir travailler avec des gens de cette qualité-là, c'est compliqué en France. Au sol, je pense qu'on n'a pas à pâlir. Clairement, moi je suis un enfant de l'école à la française, au sol. Pourtant – à mon combat contre Elizeu Dos Santos, par exemple – j'ai sept soumissions, et Elizeu Dos Santos a clairement pas voulu jouer la carte sol, alors que c'est un blackbelt du Brésil. Donc je pense que le sol, je pense qu'il y a moyen d'avoir un très grand niveau en sol en restant en France.

Je pense que c'est vraiment l'aspect lutte qui est beaucoup plus accessible au très haut niveau en Russie et aux États-Unis, et c'est un peu ce qui fait la différence sur la scène internationale de leur côté. J'ai l'impression. Donc voilà à peu près ce que j'en pense. Mais la France, voilà, a des arguments à faire valoir, notamment un pieds-poings incroyable, des coaches qui arrivent à faire ressortir le pieds-poings d'un combattant et les points forts de leurs combattants, des coaches de qualité, des gens qui ont envie, qui se poussent vers le haut. Ben, à Toulouse : tu me disais que tu travaillais beaucoup avec Quentin du **TFT…** Ben la force de ce petit club, c'est qu'ils arrivent à ressortir le meilleur du potentiel de leurs combattants. Et moi, c'est ça que j'invite les gens à faire. C'est de tirer le meilleur des combattants qu'ils ont. Tout le monde n'a pas le potentiel d'aller à l'UFC, tout le monde n'a pas le potentiel d'aller dans une orga du top dix, tout le monde n'a pas le potentiel de jouer des ceintures dans différentes orgas, ou même de faire une longue carrière à l'UFC, c'est encore autre chose. Par contre, tout le monde a le potentiel, je pense, en étant sportif et bien entouré, de faire une carrière professionnelle adaptée à ses moyens et de s'amuser, et de tirer le meilleur de ses points forts, et d'arriver à être performant dans la cage. Et moi, ça me fait plaisir quand je vois des clubs comme le TFT, ou des mecs comme Jorick, Matthieu, ou moi-même, coachés par Daniel : il a réussi à ressortir le meilleur de notre potentiel et à nous amener à un niveau, à nous monter jusqu'à trouver de l'adversité. Donc pour moi, ça a été mon cas à l'UFC au dernier combat et il y en a d'autres, c'est leur cas plus tôt. Mais je pense que le but pour prendre du plaisir, c'est d'arriver jusqu'à un niveau où tu es dans l'adversité et où tu… voilà… où tu brilles et où tu es remis en question et où tu donnes des combats qui sont… qui ravissent le public.

T : Alors, donc tu nous parles de vivier technique : on a des compétences. Tous les gens que j'interroge, dans le cadre du livre, me disent la même chose. Et ça ne peut que se constater sur le terrain. Mais si on allait un petit peu dans le côté législatif, organisationnel, comment est structuré le MMA, les compétitions de MMA, le monde professionnel en France, financier aussi peut-être : est-ce que tu aurais quelque chose à nous dire là-dessus ? Toi qui connais l'UFC, complètement.

B : Alors ça, c'est quelque chose, je pense, où on a un temps de retard. Quand je compare, par exemple, à la Pologne. Alors, c'est aussi dû au fait que le public français n'est pas le plus grand amateur des sports de percussion ; le MMA est un sport à percussion, donc un sport qui présente la violence, qui amène les sports de percussion, contrairement au judo et à la lutte qui ont un peu ce côté gracieux et certes des fois brutal, très physique, mais il n'y a pas cet aspect de la percussion qu'on peut retrouver au Muay Thai, au kickboxing, à la savate. Donc ce qui fait que, je pense, le public français n'est pas un public, globalement… la population en général n'est pas la population qui a le plus envie de voir du MMA. Par exemple au Brésil : je suis allé au Brésil pour la première fois de ma vie récemment ; j'ai été dix jours là-bas, j'ai tourné trois chaînes en arrivant à l'hôtel… je tombe sur un combat de MMA. En France, c'est sur l'**Équipe 21** une fois par semaine ou je ne sais plus… entre dix heures et minuit, parce qu'avant vingt heures trente, c'est trop violent et on le passe pas. Enfin bref, voilà : il y a des choses en France qui font que c'est encore un peu dissimulé aux yeux du grand public et ça a encore… chez les jeunes, c'est en train de monter parce que les réseaux sociaux et l'accessibilité que ça donne, qu'ont aujourd'hui les réseaux, font que, ben, les Français sont toujours intéressés par ce qui intéresse les Américains, et en ce moment, ce qui intéresse les Américains, de plus en plus, c'est le MMA. Je pense que la jeunesse française est de plus en plus intéressée par le MMA. Mais c'est vrai que globalement, pour le moment, c'est encore un peu dissimulé. D'ailleurs, ça n'a été légalisé que très récemment.

Et donc, du coup, ben… il y a aussi le système à la française, qui est très académique, très scolaire, qui fait un peu obstruction pour le moment au MMA en France. On verra si ça évolue dans le positif, parce que… ben, une anecdote, par exemple, de mon côté : j'aurais pu combattre en France juste avant d'intégrer l'UFC, le Brave m'avait autorisé à combattre ailleurs, il y avait un combat à Roubaix et je n'ai pas pu combattre à Roubaix parce que, soi-disant, mon adversaire avait trop d'expérience. C'était un adversaire qui était à 20-15, quelque chose comme ça. Mais qui était clairement moins bien classé que moi. Il était moins bien classé que moi sur tous les sites à classement référencé, comme **Fightmatrix**, **Tapology** et **Sherdog**, et clairement, donc, aux yeux du grand public, j'étais favori, encore une fois. Ça aurait été un deuxième combat où j'étais favori. Mais la délégation française en a décidé autrement parce qu'ils ont un système très scolaire. Pour eux, c'est pas le nombre de victoires et le potentiel du combattant qui comptent, c'est le nombre de combats. C'est-à-dire qu'un combattant à 1-9 était techniquement meilleur que moi parce que j'avais pas encore dix combats, je n'en avais que neuf avec mon no contest. Donc c'est trop académique, trop scolaire. C'est trop « On suit les chiffres et on »… Le sport, c'est pas ça. Le MMA, c'est pas ça. Alors, je pense qu'ils vont faire des ajustements, je ne veux pas leur jeter la pierre : on verra dans le futur. Je pense qu'ils vont s'ajuster. Mais voilà. Il y a encore un système très scolaire. Ils sont dans les débuts, il faut leur laisser du temps. Mais j'espère qu'ils vont faire des progrès parce que, pour le moment, ils ont déjà beaucoup de mécontentements, notamment du côté du **MMA GP**, du côté… il y a plusieurs organisations françaises qui ont essayé d'organiser, qui ont été gênées par ce système un peu trop académique. Donc j'espère qu'ils vont faire des progrès de ce côté-là. Moi, j'avais un ami, **Alioune Nahaye**, qui est un combattant connu en France, qui devait combattre un ancien UFC, c'était un combat important pour lui, un Canadien qu'ils avaient fait venir du Canada, qui s'entraîne avec **George St-Pierre**… enfin un mec très solide. Et comme le mec n'avait pas de combats, à cause du Covid, depuis plus d'un an et demi ou deux ans – je sais plus, enfin il avait combattu il y a deux ans pile poil, quoi – ils l'ont déclassé. Ils ont leur système, donc ils ont dit : « Non, le mec n'est pas assez fort pour Alioune. » Sauf que le mec, s'il décide de venir en France – il est coaché dans une équipe comme la **Tristar**, qui est une équipe qui a de l'expérience, et qui l'envoie affronter Alioune – c'est qu'ils savent que ce mec-là a ses chances. Je ne pense pas que la Tristar… La Tristar n'est pas une équipe qui est réputée pour envoyer un mec à la boucherie. Surtout un mec expérimenté, un ex-UFC comme ce gars-là.

Donc, voilà un peu les tacles que je peux faire du côté français, mais je pense que ça va progresser. Il faut laisser le temps aux gens. Il faut leur laisser le temps de s'adapter aussi. Je pense qu'on a des gens d'expérience, on a des gens qui vont arriver à se bouger, et puis, à terme, à mettre des choses en place pour faciliter tout ça. Et on a quand même le bonheur de voir les évènements se multiplier en France, même si c'est encore rare parce que, comme je le disais, le public français n'est pas friand. En Angleterre, si un mec comme **Paddy Pimblett**, qui, à mes yeux… – je ne le trouve pas terrible d'ailleurs ; j'aimerais l'affronter, hein – si ce mec-là, il a une popularité incroyable, c'est parce que quand tu vas au Royaume-Uni… je me rappelle qu'il y avait **Frampton** qui combattait, qui est un boxeur en boxe anglaise réputé, le bar était plein à craquer pour de la boxe, quoi. Il y avait les grands écrans à Édimbourg, avec que de la boxe. En France, je ne l'ai jamais vu. De mémoire ; je ne sais pas si ça a déjà existé. Un bar rempli, des bars remplis de ville, qui font une soirée boxe. Je n'en ai pas rappel. Ou alors ça date, mais en tout cas, moi, ça ne me dit rien. Pour le foot et le rugby oui, mais essentiellement pour le foot en France. Donc voilà : j'espère que dans le futur, ça va se développer et que les gens vont avoir plus envie, avec le temps, de voir du MMA.

T : D'accord. J'aimerais revenir un petit peu plus sur… bon, déjà on fait un petit rappel sur ce dernier, sur ce fameux combat de l'UFC 267 où tout le monde a loué ton mental, ta résistance. Mais on ne peut pas nier tes qualités physiques. Et j'aimerais aborder et donner un angle de préparation physique à cet entretien. Comment est-ce que toi, combattant professionnel, tu gères ta préparation physique ? Ta nutrition ? Comment ? Avec qui ? Sous quelles conditions ? Comment est-ce que c'est géré, ça ?

B : Alors, je pense qu'il faut être bien entouré ; comme d'habitude, c'est une question d'entourage. Moi, j'ai eu la chance de faire un peu de prépa physique, notamment du crossfit quand j'étais à l'armée, donc j'avais des bases sur les mouvements d'haltéro, tout ça. Donc j'avais un potentiel exploitable directement pour un bon préparateur physique. Jusqu'à mon combat contre… avant mon combat contre Luan, c'était la première fois que je faisais une préparation, avec un préparateur physique qui s'appelle Fabien Berenguel. Qui est également un ancien des Forces Spéciales, qui est un très, très bon préparateur physique. Là, d'ailleurs, il valide son diplôme d'État. Ou je crois qu'il l'a validé, d'ailleurs. Donc un mec de qualité, passionné, qui s'occupe des filles du rugby à Bayonne. Donc très, très solide. Très, très bon préparateur physique, et il m'a fait encore prendre une dimension dans le sens où il m'a créé un système de préparation physique qui me permet de me consacrer entièrement au MMA en gardant mes qualités athlétiques, voire les développer et sans avoir trop de traces quand on arrive en fin de prépa, le dernier mois, avoir le moins de traces possibles physiquement pour pouvoir être le plus épanoui possible à mes séances de MMA qui sont la priorité. C'est-à-dire un préparateur physique… Il me faut un préparateur physique intelligent et préoccupé par son athlète. Et j'ai la chance d'avoir ça, et je pense que, pas immédiatement, mais je pense qu'un bon préparateur physique en fonction du niveau auquel on boxe… je pense qu'à partir du moment où on rentre dans un orga du top dix et on commence à viser le top du tableau, il faut avoir un bon préparateur physique, et la nouvelle… le nouveau paramètre que j'ai maintenant, que je viens de me rajouter, c'est un diététicien ; je n'en avais pas jusqu'à présent, j'essayais de manger sainement mais je ne faisais pas particulièrement attention. Donc ça, c'est une nouvelle étape de mon côté pour encore passer un cap. C'est la nutrition. Jusqu'à présent, comme j'avais pas de cutting, je ne m'en préoccupais pas trop. J'essayais de manger sainement en quantité. Voilà : maintenant, je vais avoir un diététicien. Un diététicien, plus précisément… alors, on n'a pas encore commencé à travailler ensemble, c'est tout récent, ça date de cette semaine, donc je vais pas donner de nom et évoquer pour le moment ; j'attends de voir si ça va fonctionner, si on va travailler ensemble et si ça va durer dans le temps. Et voilà, donc j'ai hâte de commencer un programme diététique amélioré. Voilà les axes de travail que je pouvais encore améliorer. Parce que, clairement, quand tu es combattant à l'UFC et que tu veux rester et viser le top quinze, voire plus, eh bien il faut s'entourer et il faut… tout ton emploi du temps est dédié au MMA et à la performance.

T : D'accord. J'ai une dernière question à te poser. Je connais un tout petit peu… pour avoir parlé un petit peu avec ta compagne qui est, arrête-moi si je me trompe, sportive de haut niveau. Initialement. Qui a aussi un parcours dans les forces de l'ordre. Est-ce que tu serais d'accord pour dire que dans le sport de haut niveau, il y a une différence de traitement médiatique énorme entre les hommes et les femmes ? Et, si oui, si tu es d'accord : est-ce que tu peux nous parler de l'avenir que tu vois dans la différence entre le MMA féminin et le MMA masculin, principalement français mais aussi international, dans les années à venir ?

B : Alors, je pense que ça dépend vraiment des sports. Je pense qu'il y a des sports qui sont kif-kif, par exemple : le tennis. Je pense qu'il y a quand même une différence dans le tennis, mais je pense qu'une **Serena Williams…** je ne pense pas qu'au niveau du salaire, elle ait trop trop à envier à un **Nadal** ou à un… alors face à un **Roger**, bien sûr, mais… je pense qu'elle est quand même pas mal. Je pense que si on la compare au top quinze masculin, je pense qu'elle doit bien s'en tirer. Le problème du MMA pour le sport féminin, c'est que le MMA, c'est un sport où la dimension physique et la motricité que ça demande font que souvent, les femmes ont un temps de retard sur les hommes. Au plus haut niveau, dans le MMA, que ce soit techniquement, ou au niveau de la violence, de l'impact du combat, de… alors, malgré ça, comme les niveaux des femmes sont proches et on commence à avoir des catégories de plus en plus garnies, on commence à avoir des combats vraiment intéressants et de gros combats féminins, chose qu'on n'avait pas avant. Avant, on avait un peu des mises à mort à la **Ronda Rousey**, où il y avait de telles différences de niveaux et de professionnalisme qui faisaient que la différence entre une championne et une challenger était tellement énorme… d'ailleurs, ça arrive encore. Je sais que **Shevchenko**, ils ont du mal à lui trouver des adversaires de valeur. **Nunes** pareil. Donc ça manque un peu de compétitivité dans ces catégories, mais ça commence à augmenter. Et je pense que, dans le futur… je pense que les combats féminins vont être de plus en plus… et ils sont déjà ultra médiatisés. Moi, je trouve que le MMA, c'est un des sports, un des rares sports, qui, malgré la différence de niveau que je trouve affolante, comparée à d'autres sports, entre les hommes et les femmes, due au fait qu'il y a plus d'hommes, je pense, qui pratiquent le MMA, que de femmes… Parce qu'une femme qui est performante en MMA, elle peut monter très, très vite ; sa carrière peut aller très vite. C'est comme les poids lourds en MMA, d'ailleurs. On l'a vu avec **Gane**. Gane, c'est un super combattant, mais les poids lourds, ça va très, très vite. Il est monté très vite, quoi. Au troisième combat, il était à l'UFC, le mec. C'est impossible chez les lightweights ou dans les autres catés. Chez les femmes, c'est pareil.

Il y a des femmes qui rentrent à 4-2. C'est incroyable, ça va très, très vite chez les femmes, parce qu'elles sont peu nombreuses, en fait, je pense, à pratiquer. Et des femmes sérieuses et professionnelles, et qui font du MMA non pas pour leur image Instagram et leurs sponsors, mais pour être performantes dans la cage comme **Manon Fiorot** le fait, c'est vraiment des filles qui sont performantes dans la cage et qui sont là pour faire la guerre, elles réussissent très vite, parce qu'en fait, elles sont peu nombreuses. Je n'enlève rien à Manon, hein, parce que Manon, elle va se retrouver très vite contre des meufs qui sont, qui ont le même prototype qu'elle, c'est-à-dire des meufs qui en veulent et qui sont très compétitives ; mais elles sont peu nombreuses, c'est-à-dire qu'on parle du top cinq, top dix de la catégorie. Maximum. On ne parle pas du top soixante-dix, on ne parle pas du top... c'est pas les deux cents meilleurs mondiaux qui sont compétitifs, c'est les dix meilleurs, quoi. Et donc, ce qui fait que les ascensions sont rapides chez les femmes. Et que moi, je pense qu'il y a une certaine égalité hommes/femmes dans le MMA, parce que je trouve qu'elles sont très médiatisées, elles sont mises en Main Event, Co-Main Event, rapidement, des fois avec des palmarès bien moindres que leurs homologues masculins, parce que justement, un lightweight, pour rentrer à l'UFC, des fois quand il rentre, il faut qu'il ait vingt à vingt-cinq combats. Moi, je suis rentré tôt parce que c'est un short notice contre un mec que personne voulait. Donc voilà, c'est ce qui m'a permis de rentrer. Mais c'est assez rare dans ma catégorie de rentrer avec si peu de combats ! Surtout si tu n'es pas américain ou russe. Et donc, voilà : moi je trouve que le MMA, quand même, respecte vachement ce côté égalité, égalité des sexes, comparé à la boxe anglaise, par exemple. La boxe anglaise, franchement, j'ai jamais vu de combat de boxe anglaise féminin trop mis en avant à la télé, quoi. Honnêtement. Comparé à... j'ai jamais vu, comparé à du **Canelo Alvarez, Lomachenko, Tyson Fury,** et tout ça ; je ne vois pas d'homologues féminines aussi bien placées et classées qu'eux. Alors que, par exemple, une Shevchenko, une Amanda Nunes ou une **Cyborg** à l'époque, ou une Ronda Rousey, des fois, ont quand même du sacré cachet et une sacrée popularité sur la scène internationale. Donc : voilà au niveau du sport féminin. Et je pense qu'elles vont se rapprocher de plus en plus du top dix mondial du niveau de leurs homologues masculins, et voilà : ça va continuer à se développer. Je pense que le MMA féminin va continuer à se développer parce que, justement, elles ont de l'avenir, parce que je pense que **Dana White** fait un bon travail et leur laisse beaucoup d'espace.

T : D'accord. C'était ma dernière question. Dans quelques secondes, je vais couper l'enregistrement. Donc, officiellement, je te remercie vraiment de tous ces détails et de toutes ces choses que tu as accepté de nous dire. Je rappelle que tu as quand même un emploi du temps. Je te souhaite le meilleur. Nous, on va être amenés à se croiser, à se revoir parce qu'on a des amis en commun, et voilà. Benoît Saint-Denis : merci. À très vite.

B : Ben écoute : merci à toi, Tancrède. J'espère que tu pourras exploiter quelques morceaux de ce dont on a parlé et, ben écoute, ce sera avec plaisir. Et oui, pour revenir sur… petite dédicace à ma femme, qui est mon plus grand soutien, qui m'a toujours soutenu et que… voilà. Elle, elle a le parcours inverse de moi, c'est-à-dire qu'elle a été sportive de haut niveau avant de travailler. Dans le football, elle a gagné la ligue des champions en foot salle, et j'ai la chance d'être soutenu par la meilleure des femmes. Donc voilà : je la remercie. Merci à toi, Tancrède, et j'espère que ton livre aura du succès et que ce sera… et j'imagine que la charge de travail est élevée. Voilà, voilà.

TÉMOIN N°5

J'appelle à la barre…

ANTONY RÉA

*Pionnier du MMA français,
légende du sport et figure toulousaine*

T : Alors, bonjour **Antony Réa**, et merci d'avoir accepté mon invitation à participer à ce projet. Je rappelle que c'est une interview dans le cadre de la sortie prochaine du livre *Tribunal des MMA* **aux éditions JDH**. Alors, Antony Réa : pour tout acteur, au moins occitan, du monde des arts martiaux, tu n'es plus à présenter. Mais pour les lecteurs qui ne te connaîtraient pas, est-ce qu'un vétéran tel que toi, avec tout ce qu'il y a à dire, peut résumer son parcours et se présenter, maintenant, s'il te plaît ?

A : Avec grand plaisir. Donc, en fait, moi j'ai commencé tout gamin par le judo, comme beaucoup de gamins ; c'est vrai que le judo est très très développé en France. J'ai arrêté. J'ai repris les sports de combat, les arts martiaux, à mon adolescence, en fait quand je suis arrivé au lycée, donc assez tard, par le Kempo, qui était donc une forme de combat libre. Ça, c'était en janvier 1993, si mes souvenirs sont bons.

T :… Avant ma naissance !

A : Ouais. Ça me rajeunit. *(rires)* Et j'ai participé à ma première compétition quelques mois après. Je me suis beaucoup investi dans le système ; j'ai remporté pas mal de compétitions. J'ai très vite repris les rênes, aussi, du club, le prof ayant dû déménager. Et ensuite, j'ai rejoint le groupe **Pankido** qui reprenait, alors, grosso modo, sans rentrer dans les détails techniques, le grand principe technique, donc le mélange des méthodes de percussion avec la préhension et les soumissions. Comme, un peu, on va dire, avec le Kempo, mais c'était un groupe indépendant. Pareil : j'ai beaucoup participé aux compétitions ; j'en ai remporté pas mal. Et ensuite, donc, en 2000, j'ai commencé à combattre en MMA. Donc j'ai fait un combat à Bercy, contre un Japonais, donc voilà : en France, à une époque où il y avait moins de législation, on va dire, il y avait un peu un flou sur le MMA à cette époque-là. Donc on a pu le faire. Et ensuite, j'ai beaucoup combattu à l'étranger pendant une douzaine d'années. Et après, les dernières années, j'ai beaucoup combattu en France, dans les systèmes qui étaient autorisés à l'époque en France. Pancrace, Pankido, etc. Profight karaté aussi, un peu. J'ai combattu, je crois, dans dix-sept ou dix-huit pays, sur tous les continents, et puis je me suis bien fait plaisir. Et voilà. Après, j'ai pas mal d'activités : je travaille dans le domaine de la formation, avec par exemple les polices municipales, les services des transports urbains, pour tout ce qui est techniques opérationnelles qu'on appelle « de défense », le GTPI, les gestions de conflits à plus large terme. Pour ce qui est de l'enseignement, j'en fais très, très peu à l'heure actuelle, de manière assez anecdotique. Et j'ai un planning bien chargé, et je pense qu'il y a des cycles dans la vie, donc il faut un peu, des fois, changer ; donc là, je change un peu mon truc. Mais je risque quand même de revenir au combat…

T : Ah.

A : Je risque de revenir faire, quand même, une paire de combats.

T : Je t'arrête deux secondes, parce que tu as été assez modeste en disant que tu t'étais « bien fait plaisir »… Il suffit de taper ton nom sur Wikipédia : je pense qu'on parle de, quoi, cinquante combats, peut-être ?

A : En fait, j'ai cinquante-trois combats répertoriés, en MMA et assimilé, parce qu'on parle beaucoup de classes, du moment qu'il y a des techniques de percussion et de préhension, ils enregistrent ça sous le terme de MMA ; donc le Pancrace, et même véritablement le MMA comme on le connaît au niveau international. Ouais, j'ai pas mal bourlingué, et j'avais je crois… j'ai cinquante-trois combats pros et j'ai trente-sept combats amateurs, en fait dans les formes Kempo, Pankido, etc.

T : Pour que les gens qui pourraient lire ça, et particulièrement les jeunes, se rendent compte qu'aujourd'hui, les palmarès comme ça, les carrières comme ça, c'est introuvable – presque cent combats, en fait. Est-ce que tu peux nous rappeler ton âge ?

A : Alors : actuellement, j'ai quarante-cinq ans. Et donc j'ai fait mon dernier combat, c'était en mai 2019.

T : Eh oui. C'est une vie assez exceptionnelle.

A : Bon, j'ai eu la chance de ne jamais trop avoir de gros pépins au niveau physique. J'ai eu des entorses et j'ai eu des blessures ; j'ai eu des entorses un peu à toutes les articulations, mais j'ai jamais eu de gros pépin. J'ai jamais eu, voilà, style : les croisés… J'ai pris quand même une paire de KO dans ma carrière, des vrais, mais j'ai jamais eu de séquelles par rapport à ça ; j'ai toute ma tête, je vais très bien.

T : Je vois ça. On entend parler de toi dans des podcasts, là, j'ai vu récemment, je connais un petit peu **Amaury Taurines :** on voit très bien que tu as toute ta tête ! Tu fais figure de vitrine, un peu. Moi quand je suis arrivé à Toulouse il y a cinq ans, on parlait d'Antony Réa, **Golden Belts**… J'ai eu – je vais embrayer sur la question suivante –la chance de participer, dans mes deux premières années ici, à l'organisation du **GFA** au **Palais des Sports**. Et donc, on peut dire qu'on a – même de manière très courte pour moi – interagi dans les mêmes sphères, puisque j'ai enseigné à Toulouse, j'ai un peu côtoyé **Matthias Riccio**, j'ai un peu côtoyé **Thomas Loubersanes**, ces choses-là, et pourtant : toi et moi ne nous sommes jamais croisés. Je crois ?

A : Non, c'est vrai.

T : Dans un milieu déjà assez fermé, de ce qu'est la représentation qu'en a le grand public, comme une niche. En plus, dans le milieu *toulousain*. Les gens pourraient penser que tout le monde connaît tout le monde et que c'est finalement assez petit. Toi qui, depuis vingt ans, as vu l'évolution de ce sport, de ce milieu, au niveau francophone, donc au niveau national, est-ce que tu dirais que c'est vrai, ou est-ce que c'est bien plus vaste qu'on ne se le représente, et qu'est-ce qui aurait changé au fil des années ?

A : Alors, moi, je pense qu'il y a plusieurs choses pour expliquer ça. Alors : dans ton cas, je dirais plus personnel, on n'avait… voilà, c'est une question aussi de fréquentations, enfin, tu vois ce que je veux dire.

T : Oui, bien sûr.

A : Des questions d'approche, d'amitiés, qui font que… entre guillemets, on ne fréquentait pas forcément les mêmes personnes et les mêmes petits cercles. Parce qu'en fait, au début des années 2000, grosso modo, on était dix, quinze presque, en France, à faire du MMA et à un peu aller tourner à l'étranger. Mais c'était un microcosme. Petit à petit, ben forcément, ça a semé des graines, donc ça s'est multiplié. Comme dans la vie de tous les jours, tout le monde n'est pas forcément ami avec tout le monde, pour des raisons diverses et variées ; je ne parle pas de guerres, de machins ou quoi que ce soit, mais c'est comme ça. Plus ça multiplie, ben on n'est pas forcément tous sur le même truc. Et puis, c'est vrai que, du coup, il y a eu aussi un phénomène de mode qui a fait qu'en fait, on est passés d'une discipline très underground… En fait, je comparerais ça, j'aime beaucoup quand j'en parle avec un ami qui est un ancien bodybuilder de la région carcassonnaise, **Bernard Dato** pour ne pas le citer, qui me dit : « C'est un peu comme le bodybuilding. » Il y a eu la période underground, et puis après il y a eu une période, on va dire, beaucoup plus grand public. Qui n'attire déjà pas forcément le même public, déjà, qui n'a pas les mêmes attentes, et forcément, il y a le phénomène de mode. On a eu, il y a vingt ans, ou trente ans, le phénomène de mode aussi avec la boxe thaïlandaise. Où on a des gars qui n'avaient jamais, aussi, pratiqué de boxe thaïlandaise de toute leur vie, qui ont acheté un short, qui ont levé les mains, et qui ont dit : « Je fais de la boxe thaïlandaise. » Il y a ça aussi dans le milieu du MMA. On le sait : il y a un peu à boire et à manger aussi dans le milieu du MMA, on ne va pas se voiler la face. Même si, maintenant, la fédé est arrivée et tout ça, mais bon bref, tout n'est pas parfait dans ce milieu. Donc il y a eu une énorme évolution, avec ses bons et ses mauvais côtés. Qu'est-ce qui est le mieux ? Je ne sais pas : c'est comme ça, c'est l'évolution. Voilà. Il y a de plus en plus de monde. Après, les motivations de chacun, je pense que ça a, radicalement, ça a changé par rapport au tout début. Déjà, comme moi je vois : certains jeunes, des fois, voient ça avec l'œil d'aujourd'hui. La publicité, on va dire, la célébrité qu'ils peuvent espérer avoir. Moi, quand je… nous on l'a fait, c'était pas du tout, entre guillemets,… oui, c'était pour une gloire, mais pour une gloire très personnelle, parce que bon… je rappelle encore souvent ça, mais moi, quand je suis allé combattre au Canada, quelques années avant, deux ou trois ans avant, il y avait des mecs qui avaient fini en prison, parce qu'en fait ils étaient allés combattre en MMA. Tu vois, c'était pas du tout la même mentalité. C'était pas le truc : « Ouais, c'est super, c'est fun de faire du MMA. » C'était… il fallait passer entre les gouttes, c'était quand même chaud bouillant, fin des années 90, début des années 2000. Donc c'était, voilà… il y a eu une évolution, voilà, on verra bien dans quelques années, qu'est-ce que ça donne.

T : Alors justement, depuis – tu parlais d'effet de mode – depuis deux ans et quelques, on a eu cet aspect législatif, avec la légalisation des MMA. Il y a eu une espèce d'emballement un peu médiatique en France, comme si on essayait de rattraper dix, quinze, vingt ans de retard, et puis tout le monde – moi à mon petit niveau, on a vu tous les coups de fil qu'on a reçus de salles de muscu à droite à gauche qui voulaient commencer à donner des cours – tout le monde s'est mis à organiser des galas, cinquante organisations… des choses comme ça. Il y a eu un emballement – tu as utilisé ce terme et je l'ai trouvé super juste. Toi tu parlais, tout à l'heure, de seize ou dix-sept pays dans lesquels tu avais combattu. Tu as vu, peut-être, la différence avec ici.

A : Oui.

T : Est-ce que tu pourrais nous parler de la différence entre ce qu'on a, nous, en France, du point de vue législatif, économique, préparation, organisation, infrastructures, et puis ce qui se fait ailleurs ? Est-ce qu'on aurait du retard ? Est-ce qu'on aurait de l'avance dans certains domaines ?

A : Alors : au niveau législation, bon, on le sait : la France est un pays très législatif, qui aime bien avoir des trucs très posés, trop, des fois, je dirais. Par exemple : les arts martiaux, on est le seul pays au monde où les grades, par exemple, à travers les fédérations délégataires, les grandes disciplines on va dire, sont la propriété de l'État. C'est un truc de fou, quoi. C'est-à-dire qu'en fait, le gars qui est ceinture noire de judo, il faut que son grade soit reconnu par la Fédération française de judo. Je simplifie un peu les choses, mais c'est un peu ça. C'est quand même très compliqué. Alors, il y a des avantages, c'est vrai que ça évite que tout le monde et n'importe qui s'achète une ceinture noire sur Internet et dise « Je suis prof », avec des histoires pareilles pour les diplômes. Après, le problème, c'est que quand on voit, par exemple, la législation qu'il y a sur le MMA, c'est une usine à gaz, quoi. C'est très compliqué pour organiser les galas, il y a un cahier des charges qui est titanesque. Après, bon voilà, il faut prendre le contexte : ils ont légalisé le MMA, mais, en même temps, les anti-MMA n'ont pas disparu, et ils sont très très vigilants pour pas qu'il y ait de pépins, grosso modo, dans le milieu du MMA. Donc on n'est pas du tout au même stade de l'évolution. C'est-à-dire qu'en fait, dans la plupart des pays et aux États-Unis, cette époque-là, ils l'ont vécue il y a quinze ans, ou vingt ans. En fait, on a quinze ou vingt ans de retard à ce niveau-là. Donc nous, on est dans la construction, et maintenant, il va falloir le faire rentrer, l'intégrer dans le paysage, on va dire, sportif français. En fait, qu'il n'y ait plus le débat : « Est-ce que c'est bien ou est-ce que c'est pas bien le MMA ? » Ça va être simplement : « Est-ce qu'on aime ou on n'aime pas ? », comme ça se passe maintenant aux États-Unis. On allume une chaîne de télé, ben aux infos sportives, on parle du MMA comme on parle du football américain, du baseball, etc. Voilà, il n'y a plus vraiment le côté sulfureux. Nous, on n'en est pas encore là. En France... alors nous, c'était super artisanal au début. La plupart des gars ne connaissaient pas ce que c'était le MMA. Moi j'allais m'entraîner dans des clubs, des fois, on me disait : « Oui, en fait c'est de la bagarre ; c'est de la baston. » Les gens mettaient une image très particulière. Maintenant, là où je dirais, peut-être, les États-Unis en particulier sont bons, c'est, en fait, que forcément, vu, en fait... mais tout est lié. Vu l'engouement qu'il y a eu au niveau, et médiatique, et, du coup, économique, là-dessus, ça a développé toute une industrie. Ça a développé aussi des sponsors, ça a développé des centres qui font que... qui sont fiables. Et qui font que, maintenant, on a des centres avec un prof de pieds-poings, mais du pieds-poings pour du MMA. Pas du kickboxing pour du kickboxing. Et ainsi de suite pour toutes les disciplines. Nous, en France, il y a encore assez peu de salles, pour l'instant, comme ça. Mais c'est normal. Ça va être... il va falloir que le système se développe, l'industrie, entre guillemets, se développe. Après, je dois avouer : je sais pas si en France on va y arriver. J'espère, hein. Mais je suis pas intimement persuadé, quand je regarde, même, la boxe anglaise : on a eu de très, très bons boxeurs en France, on a de très, très bons boxeurs… c'est pas pour autant qu'on a eu d'énormes galas de boxe. Par exemple, remplir un stade de soixante mille personnes en France, ça me paraît encore compliqué, même en boxe anglaise. C'est pas vraiment notre culture. Paradoxalement, on n'est pas dans la culture comme les Anglo-saxons, comme les Anglais ou les Allemands qui ont une grosse culture, par exemple, au niveau des boxes. Donc on va voir ce que ça va donner dans les prochaines années, on va voir comment ça se développe. On a plein de bons côtés, pour moi, on a tout ce qu'il faut en France. Le seul truc, c'est d'arriver à avoir des infrastructures, en fait, à la rigueur, pour centraliser. C'est peut-être ça qui peut manquer, on va dire. Mais ça va venir. Je pense que ça va venir. Dès qu'il va y avoir de l'intérêt, que les gens vont dire « Ah ben en fait voilà » – encore une fois, on ne va pas se voiler la face – il y a un problème économique. Dès qu'il y a des gens qui vont dire : « Ah, il y a quelque chose qui peut être rentable, qui peut être fait ; je vais mettre des billes là-dedans. » Et il va y avoir des centres de MMA, entre guillemets, à l'américaine, ou, comme, par exemple, ils ont réussi à faire à Paris avec des salles comme le **MMA Factory**.

T : Tu parlais de la boxe. Je trouve le parallèle ultra intéressant, parce que tu dis que pour organiser un gala ici, il y a un cahier des charges qui est monstrueux. Tu vois, c'est un bordel pas croyable. Pour avoir participé à quelques galas de boxe, c'est pas simple non plus d'organiser un gala, notamment fédéral, comme un championnat d'Occitanie, par exemple. C'est pas simple non plus. Est-ce que ce serait pas un carcan qu'on a pour tout en France, et qui nous empêcherait un petit peu, justement, de viser haut ?

A : Je pense que ça va être compliqué parce que, là, je vois le… par exemple : quand tu voyais le **GFA**, avec la **FFKMDA** qui gère le Pancrace, il y avait quand même un cahier des charges. Ce qui est bien, qu'il y ait un cahier des charges quand même, quelque part ; ça évite que ce soit n'importe quoi. Mais là, par exemple, avec le MMA, avec la **FFMAF**… comment dire, c'est… la FFKMDA, ce sont des rigolos à côté.

T : Ah ouais, je ne savais pas.

A : Ah ouais, c'est titanesque. Il y a un cahier des charges qui est énorme, il y a énormément de points à respecter, c'est difficile, du coup, de faire les combats, c'est difficile de faire venir des combattants étrangers, ils demandent énormément d'examens médicaux, il y a des classes élites entre les combattants… Enfin bref, il y a tout un système qui fait que c'est très très compliqué, franchement, à arriver à organiser. D'un côté je comprends, aussi. C'est éviter que tout le monde puisse se dire « Je veux organiser un gala de MMA » et fasse n'importe quoi. Et c'est toujours pareil. En fait, en voulant empêcher quelque chose, on va des fois trop loin dans le sens inverse.

T : Je comprends. Justement, tu parlais du fait qu'on va avoir du mal à remplir un stade de soixante mille. Je fais le parallèle avec l'**UFC** en même temps ; c'est vrai que tout le monde a l'exemple des États-Unis, tu l'as rappelé plusieurs fois. Mais même aux États-Unis – c'est une question qui n'était pas prévue mais je rebondis, du coup – on a toujours cette limitation de… les gars ne gagnent pas assez… Est-ce que ça peut amener les meilleurs à faire ce sport tandis qu'en boxe, ils font dix fois plus pour la même chose… Est-ce que, par exemple, aujourd'hui, on a des athlètes français qui sont bien plus médiatisés que, peut-être, il y a dix ou vingt ans… Je pense à **Cyril Gane**, **N'Gannou**, il y a quelques jours, là. Ce qui fait que tous les jeunes de mon entourage m'en ont parlé, ici. Est-ce que, aujourd'hui, avec les réseaux sociaux, la médiatisation, tu ne penses pas que le MMA… Est-ce que tu penses que le MMA, ça peut devenir l'avenir des sports de combat, ou qu'on est au sommet de la vague, que ça va redescendre, et que quelque chose d'autre prendra le pas, etc. ? Ou est-ce que ça va finir par manger un petit peu la boxe, le kickboxing, le K1, le Muay Thaï, etc., etc. ?

A : Je pense qu'on va se diriger vers ce qu'il se passe un peu, de toute façon, aux États-Unis. Je pense que le MMA, une fois qu'il va être intégré et, enfin, ça y est… on va dire « qu'il va être digéré » par le système grand public, le système médiatique, bien sûr, forcément, en général : le MMA, ça plaît. Parce que c'est spectaculaire, qu'on peut avoir deux combats qui se suivent et qui ne se ressemblent pas. Après, moi je ne pense pas que c'est forcément toujours au détriment des autres. Je pense qu'il y aura toujours des combats de boxe qui vont faire que la foule se lève, vont se lever à quatre heures du matin pour les regarder. Moi, au contraire, je prends toujours, aussi, en exemple **Ronda Rousey**, quand elle est arrivée à l'UFC, il y en a beaucoup qui ont dit : « Oh mais tiens, oui, mais le judo… » Et, en fait, je revois le judo américain, ils ont eu une attitude, déjà ils ont dit : « Oh il y a Ronda Rousey, donc déjà on va communiquer à l'UFC. » En fait, ils ont pris de la publicité à l'UFC. Et, en fait, quand Ronda Rousey a été championne à l'UFC, ça a aidé le développement du judo, parce qu'en fait les gens… ça a mis en lumière pour un public qui n'était pas forcément celui qui suivait le judo, de se dire : « Ben en fait, le judo, ça peut servir en MMA. » On a eu le même phénomène au Japon, à l'époque, avec **Yoshida**, ou quoi que ce soit. Donc moi, je ne pense pas que ce soit au détriment. Moi, je pense que ça va… alors, c'est sûr qu'après, il y en a qui ne sont pas contents. Avant, grosso modo, il y avait le kick, les mecs qui aimaient bien que ça frite, entre guillemets ;

il y avait le kick et il y avait la boxe. Il n'y avait pas le MMA. Voilà, donc là, maintenant, il va y avoir le MMA. Eux, c'est sûr, ils ne sont pas contents, mais c'est pas pour autant, je pense, que le kick va disparaître, ou que la boxe va disparaître. Mais ça va faire grimper un peu d'un échelon, et puis c'est bien pour tout le monde. C'est comme la concurrence : c'est sain d'avoir quelque chose en concurrence.

T : D'accord. Ce que je voulais te demander maintenant… Déjà, on rappelle que des cinq – il y aura cinq intervenants, a priori, dans le livre – tu es le plus capé, incontestablement. Celui qui a la plus grande carrière et le plus d'expérience. Donc je vais te poser la même question qu'aux autres, mais elle ne va pas forcément être aussi simple pour toi que pour les autres. Est-ce que, si tu pouvais nous citer, nous donner, nous raconter une anecdote, un souvenir, quelque chose de particulièrement marquant, au-dessus de tout le reste ; comme organisateur, comme combattant, comme coach, peu importe. Est-ce que tu aurais un souvenir dont tu voudrais nous parler ?

A : Alors, franchement, c'est compliqué parce que je crois que, surtout dans cette période-là, presque chaque combat, en fait, je pourrais presque te raconter une anecdote par combat ou par séjour à l'étranger, il y avait tellement de trucs… En fait… c'est pas vraiment une grosse anecdote, mais c'est une… pour moi, c'est un peu révélateur de l'état d'esprit… Alors je vais à Macao, je dispute une ceinture, la ceinture du **Fury Elite** contre **Takahashi**, un Japonais qui avait été dans les premiers **King Of Pancrase** à l'époque avec **Funaki**, enfin bon, bref, l'époque un peu légendaire de la ligue de pancrace japonaise. Je le prends pour le titre, à l'époque je combattais chez les moins de quatre-vingt-treize kilos. Donc voilà : Macao, super hôtel – j'avais une suite – enfin bon, le truc super top. Je gagne le combat ; bon, bien sûr, ce qui est fort appréciable. Je prends la ceinture. Voilà, donc un truc un peu, tu vois, l'image à la Las Vegas, quoi. Mais en Asie. Tu vois le truc hyper cool et tout, c'est chouette. Et en fait, cinq semaines après, je me retrouvais à combattre au Costa Rica, dans un truc en plein air, où le ring était plus une estrade qu'un véritable ring, c'était un peu plus roots, tu vois, c'était un peu old school. Alors, il y a des fois, quand j'y repense, je me dis, il y en a même qui me disaient : « Mais tu te rends compte, t'as fait… mais c'est un truc de fou, quoi : tu fais une ceinture à Macao, tu vois, où t'as tout le gratin, entre guillemets, chinois qui était là, tu fais ton truc, c'était super cool, et puis tu te re-trouves cinq semaines après, perdu dans la pampa au Costa Rica. » Je dis : « Mais moi, c'est ça que j'aime, en fait, justement » ; c'est qu'en fait… et en même temps, c'est ça qu'il te faut aussi, au cas où tu aurais commencé à t'envoler, qui te fait redescendre sur terre, quoi. Tu vois ce que je veux dire. Et moi, j'aimais cette diversité. C'est bien, par exemple : c'est comme pour les règles. J'aime bien qu'il y ait des règles unifiées, mais j'aimais bien aussi le côté où, à un moment, chacun pouvait un peu, aussi, faire des règles pour essayer de… cette époque où on *cherchait*. Et moi, j'ai aimé cette période-là, où, en fait, on recherchait quelque chose. C'était sympa, cette image-là, parce que c'était, d'un côté, le truc… voilà… et, de l'autre côté, le truc hyper roots, tu vois. Et pour la même petite histoire : le combat, on devait le faire le soir ; il y a eu une tempête — enfin, une tempête ; il y a eu un orage tropical machin — on s'est retrouvé le gala annulé, moi j'ai dormi, j'avais mes straps aux chevilles, je me suis juste découpé les bandages ; parce que j'étais prêt ! Et je me suis battu le len-demain matin ! *(rires)* Dans le trip, j'ai fait : « Allez, je dors avec les straps aux chevilles, je m'en fous » ; je suis descendu avec les machins… *(rires)* Voilà, un côté hyper roots. Mais c'est ça que j'ai kiffé dans ce milieu-là, aussi, quoi.

T : Un truc qui m'est passé par la tête pendant que tu racontais ça… Comment c'est possible que tu combattes, après cette fameuse ceinture, cinq semaines après ? Vous n'aviez pas des temps morts médicaux à l'époque, ou un truc qui t'empêche de… ?

A : Alors : déjà, il y avait le… par exemple, je prends la FMMAF : ils ont mis un repos, ils ont mis ce qu'ils appellent le « repos physiologique », c'est quinze jours. Donc si tu n'as pas de blessure, tu peux… là, alors, en plus, je vais être honnête… Un : Macao, t'as pas de commission athlétique, donc bon, voilà. Et le Costa Rica… *(rires)*… y en a pas ! Donc non. En plus, le combat, en étant honnête, j'avais pas pris vraiment de coups, de gros coups. Par contre, je m'étais, en fait, cassé le pouce, et pour la petite histoire, comme je m'étais fait une très, très grosse prépa, j'ai roulé dessus au niveau physique et, je vais être honnête, je crois que j'ai fait ma première mise de gants, en fait, quatre jours avant le combat, à cause de mon pouce, donc en sparring light ; j'ai fait ma première mise de gants en cinq semaines, quatre jours avant le combat et le sparring, le vrai bon sparring, ça a été le combat, en fait !

T : Tu l'as gagné, celui-là ?

A : Oui oui oui : aussi, oui, oui ! Par étranglement. Et après, je suis parti vivre pendant pratiquement un an, aux États-Unis.

T : D'accord, oui. Quand on t'entend parler – je vais venir à la dernière question, là – raconter tout ça, on voit bien que toi, tu es amoureux de ton sport, vraiment. Tu m'as dit : c'est l'époque où on cherchait, d'un côté on était là, et puis le lendemain… Tu es vraiment un passionné, donc on ne peut pas dire que tu aies eu un raisonnement carriériste ou financier comme peuvent avoir les jeunes qui rêvent maintenant. On en voit tous les deux, des gamins qui, toute la journée, voient des professionnels et veulent cette vie-là. Mais ils ne voient que le combat, eux, ils ne voient que l'entrée avec la musique, la fumée, et le combat. Il y a quand même beaucoup de jeunes qui voudraient être champions, ou même gagner leur vie, en ne faisant que du MMA. Aujourd'hui, c'est possible ; c'est tout à fait possible. Qu'est-ce que toi, Antony Réa, tu pourrais donner comme conseil à un jeune – attention, à un garçon OU à une fille. Une fille aussi. Est-ce que c'est un peu différent, d'ailleurs, d'être une femme dans le MMA aujourd'hui ? Qu'est-ce que tu pourrais donner comme conseil à quelqu'un qui veut être combattant, ou combattante, de MMA professionnel(le) ?

A : Alors… déjà, la différence, pour moi, fille/garçon : pour les filles – entre guillemets ; c'est pas péjoratif – ça peut aller un peu plus vite. Du fait que, le circuit étant un peu plus restreint, qu'il y a quand même moins de combattantes, une combattante qui va sortir du lot, qui va vite se faire remarquer, là où, des fois, un gars dans une catégorie de poids alors… les soixante-dix, soixante-dix-sept kilos, voire quatre-vingt-quatre kilos, enfin, allez, de soixante-cinq à quatre-vingts kilos, je chipote pas : pour faire ta place… Il y a TELLEMENT de concurrence, donc là, du coup, c'est un peu plus regardant, on va dire. Voilà. Une fille, du fait qu'il y a beaucoup moins de participantes, en deux, trois, quatre combats, elle peut se retrouver, en fait, à avoir déjà de très, très bonnes opportunités. Ça, entre guillemets, ça peut être un avantage comme un inconvénient, d'expérience, mais bon, si elle se retrouve face à des nénettes comme elle, bon, au final ça restera pareil. Après, non : c'est que… moi, en fait, j'essaie d'inculquer aux jeunes, de leur dire : « N'oubliez pas une chose : si vous faites ça, ne vous trompez pas de motivation. » Là, moi, je pense que la motivation, c'est : « Tu fais ça parce que tu aimes ça. » Ne fais pas ça comme un moteur en te disant : « Je vais faire ça pour une carrière. » Mais je pense que c'est bon pour tous les sports. Sauf qu'en plus, chez nous, il y a une particularité, c'est que tu prends quand même des coups. Mais, très honnête-ment, je ne pense pas que tu vas faire du foot, et jouer toute la journée au foot si, en fait, t'aimes pas le foot, mais en te disant : « Je vais devenir un super footballeur, j'espère être un super footballeur et gagner de l'argent. » Au bout d'un moment, tu ne tiendras pas. Psychologiquement, tu ne tiendras pas. Il faut quand même que tu sois animé par une passion du truc, il faut que tu aimes ce sport. Donc un : la passion. Et puis deux : c'est bien de prendre en exemple des champions, mais ne regardez pas quand ils sont en haut, regardez comment ils sont partis d'en bas et comment ils sont arrivés en haut. Ne regardez pas la personne, ce qu'elle fait, même en termes d'entraînement, quand elle est en haut. C'est : regardez comment elle est arrivée en haut. Et, en fait, c'est pareil : si je prends de la prépa physique ou même, tout simplement, un exemple qui est assez connu, dans le body, dans le body building, il y en a qui disent : « Oui ben, en fait, les pros, quand on les voit s'entraîner, ben… en fait, c'est pas si ouf que ça. » Oui, mais parce qu'en fait, il a atteint un tel niveau maintenant, mais regardez, par contre, qu'est-ce qu'il a fait pour atteindre ce niveau-là ? Tu vois ce que je veux dire : c'est toujours pareil. Le problème, c'est que les gens, ce qu'ils voudraient, c'est la facilité. En fait, ce qu'ils voudraient, c'est la gloire, les paillettes, mais sans trop souffrir à l'entraîne-ment, sans suivre de régime… et en fait non, c'est pas ça. C'est dur, c'est dur. Il faut faire ses armes, il faut pas brûler les étapes, gérer la carrière. Maintenant, nous, on le faisait moins, on avait moins la possibilité, parce que, aussi, c'était comme ça. Moi, quand on me disait au début des années 2000 : « Tu vas com-battre aux États-Unis », comme tu disais, dans le podcast avec Amaury, pour ton deuxième ou troisième combat, tu prends **Rich Franklin**, tu négocies pas. À cette époque-là, tu négocies rien du tout. C'est à prendre ou à laisser. De toute façon, tu es le petit frenchie, tu es déjà bien content qu'on te dise : « Tiens, tu vas aller faire un combat à l'étranger », parce que les mecs, ils ont, en fait, des Québécois et des Canadiens, et des Américains : « J'en ai dix comme toi, ou trente derrière qui attendent ta place, donc si tu prends pas, nous on va te laisser en France. » On n'est plus dans le même délire. Après, le problème, c'est qu'on est rentré dans l'inverse aussi, c'est qu'il y en a, en fait, qui veulent gérer une carrière alors que leur carrière n'existe pas. C'est pas méchant quand je dis ça, mais les mecs me parlent : « Ouais je gère ma carrière »… Mec t'as UN combat ! Pour moi, un combattant, il doit combattre. Déjà. Et puis, tout le monde veut être pro. Nous, des fois, on a été obligés, dans ma génération, t'avais pas vraiment le choix de faire un combat amateur ou pas. Maintenant ça y est, ça existe… Prenez de l'expérience ! Ça, enfin, toute cette expérience, c'est pas du temps perdu. C'est de l'expérience que vous allez gagner, c'est de la bouteille qui va vous servir en pro.

Donc, des fois, oui : le rapport est un peu biaisé avec les jeunes. Et puis surtout, ce que je pense, c'est que les jeunes, quand ils font la démarche, c'est bien de chercher… Après, quand vous avez un coach, faites confiance à votre coach. Il est là pour ça. Il est là pour ça, il est là pour prendre soin de vous et, en général, il ne fera pas quelque chose qui va contre vous. Au contraire, voilà, il est là pour vous protéger et essayer d'avoir la bonne attitude pour vous emmener, en fait, à l'endroit qui est visé. Après, on peut avoir des désaccords, on s'en aperçoit un peu plus tard, c'est pour ça qu'il y a des athlètes qui peuvent changer de coach, etc. Mais, tu sais, des fois, un peu le côté : « Ah mais moi, tu comprends, j'ai vu ça sur Internet, j'ai vu ça sur YouTube… ; Oui mais lui, il s'entraîne comme ça… » Lui, c'est pas toi. Et puis le côté : « Oui, mais tu comprends, les gars, moi j'ai un style… » Anecdote : tu vois, mais : « Ah, moi je pense que j'ai un style un peu boxe, tu vois un peu à la mexicaine… » Mec, tu sais tout juste faire un gauche-droite, me parle pas d'un style à la mexicaine ! Enfin tu vois, ça crée… il y a un problème, c'est que ça crée aussi tout ça, un décalage, des fois dans les images, dans la perception mentale qu'ont les gens, mais d'EUX-MÊMES. Alors qu'en fait, il faut revenir à la base. Reviens à la base, va t'entraîner, fais tes preuves, travaille, progresse, entoure-toi des bonnes personnes. Mais c'est comme les régimes. Le mec te dit : « Je ne comprends pas : je cours une heure par jour, je maigris pas. » Oui mais mec, si tu manges trois hamburgers par jour et que tu as une diète pourrie, tu peux courir deux heures, ça ne va pas changer ton problème. Il faut travailler sur ce côté-là. Une fois que le côté un peu… ça va faire le tri. Ceux qui veulent les paillettes, en fait, ils ne vont pas rester longtemps. Parce que c'est un sport qui est trop ingrat pour ça. Je pense.

T : OK. Antony Réa, cet entretien touche donc à sa fin. Merci beaucoup de ta franchise et de ton franc-parler ; on a un super point de vue, tout ce que tu as dit sur l'étranger et puis sur ce que tu viens de dire là, récemment. On en parlera après en off, mais dans mon milieu, la musculation, c'est tout le temps pareil, on aura ce problème, je pense, partout…. Je te remercie beaucoup…

A : Ben, merci à toi.

T :… De ta disponibilité et de ton sourire. Je coupe l'entretien là. On se dit à très bientôt pour la sortie du livre. Encore merci.

RÉQUISITOIRE

« Je fais de l'UFC. »

« Tu connais la MMA ? »

« Ah, mais c'est le truc où il y a aucune règle, là ? »

MMA français, vous êtes méconnu. Vous êtes, ne vous en déplaise, source de toutes les confusions. Vous êtes, quoi que vous en disiez, déprécié, malmené. Regardé en coin. Et vous en êtes, vous, l'accusé, le premier responsable.

Car vous êtes divisé.

Là où les Allemands, les Slaves, les Anglais font front commun pour la valorisation de leur patrimoine pugilistique, de leurs terroirs d'athlètes, de leur réseau d'évènements ; là où les autres sont des patriotes du combat, qui protègent leurs hommes et leur drapeau sur les épaules de leurs champions, vous menez des guerres en interne où sont envoyés en première ligne les diamants bruts qui jamais ne seront bijoux.

Vous avez tous, Mesdames et Messieurs les jurés, entendu monsieur Peltier, depuis la Bulgarie, nous parler à la barre de cette France où les rôles sont mélangés, où chacun tire la couverture à soi et accumule les casquettes, de ses propositions indécentes, de ces orgas où l'on sacrifie nos soldats à la carrière du champion local, sans penser au sport, sans penser aux autres.

Vous avez vu les plus grands champions français briller partout sauf chez eux, préférer l'ailleurs, et se faire lyncher dans la défaite au décuple de ce qu'ils étaient adulés dans la victoire.

Vous existez plus, et plus simplement sur les réseaux sociaux que dans le vrai monde, où vous êtes tant enchaîné et tant épris de votre carcan de règles qu'autour de vous, tout va plus vite que vous.

Car vous êtes pingre, et amateur.

Pingre dans les moyens de vos ambitions. Guillaume Peltier nous l'a dit : une carrière se construit à coups de primes ridicules durant de longues années, afin d'espérer construire une rentabilité, toute relative, à terme. La plupart des professionnels sont portiers, chômeurs ou entraîneurs de situation, afin de pouvoir concilier toutes les contraintes de la vie de sportifs de très haut niveau et la survie alimentaire. Mesdames et Messieurs les jurés : imagineriez-vous dire à un footballeur, à un basketteur, qu'il doit être serveur ou videur durant les premières années de sa carrière PROFESSIONNELLE, afin d'avoir la chance, la simple POSSIBILITÉ, de poursuivre celle-ci ?! Quand Quentin Arola nous explique que le jeune professionnel doit quasiment payer pour combattre, entendez-vous cela sans tiquer, particulièrement lorsque vous savez les risques et les conséquences de ce sport ?

Accusé, vous ne savez pas faire – et l'on ne saurait vous en vouloir, égard à l'ancienneté inexistante de votre existence professionnelle. Mais vous ne l'entendez pas.

De quoi pouvez-vous vous targuer, dites-le-nous ? De pas grand-chose, en vérité… D'un combattant français, star d'Instagram, prospect enviable, dans une grande écurie, qui tabasse un prof de karaté tout juste promu professionnel pour l'occasion ? Certes non ! … D'envoyer une légende comme Antony Réa prendre des risques en Pologne, ou nous ne savons où encore, afin d'obtenir la mention « actif » et pouvoir se voir autoriser un combat d'adieu chez lui, rentrant enfin dans vos conditions qui n'ont ni queue ni tête ?! Certes non ! … D'empêcher Benoît Saint-Denis de combattre quelqu'un de « trop expérimenté » pour lui sur votre sol, quand dans le même temps l'UFC en personne le réclame ?! … Certes, non.

Votre toute nouvelle fédération, après un an passé d'égide inutile de la boxe anglaise, ce court passé donc, en dit déjà long sur votre avenir. On en comprend beaucoup – on en imagine davantage – en voyant ce que coûte, financièrement, techniquement et humainement, d'organiser un gala officiel… En somme, vous avez créé un cadre si rigide qu'il encourage presque plus à en sortir que l'absence de cadre antérieure ! Vos « diplômes fédéraux » ne valent rien : vos entraîneurs affiliés sont parfois des athlètes de Kung-Fu qui ont appris à faire une kimura, mais des légendes de chez vous se voient refuser de mettre les gants… Consultez ceux qui savent, ceux qui étaient là *avant* : ils sont sous vos yeux.

Car vous n'avez pas ça dans le sang.

« Le sport pas cher », nous a dit Quentin Arola. Comment lui donner tort ?

Même quand Nicolas Ott nous parle de la progression française, des infrastructures, des gens, du « nivellement par le haut », comment ne pas voir qu'il parle d'un modèle étranger, américain, peut-être, dont on tend à se rapprocher ? Si la concurrence est saine, si le tri se fait et se fera, élime-t-on pour autant tout ce qui ne va pas ? Où est votre propre identité ? Ou est votre culture du combat ? Devant le stade de France pour des billets de Ligue des Champions ? Que pense-t-on de vous, à l'international ??

Vous êtes coupable d'avoir été trop longtemps condamné, pointé du doigt, puis toléré, et enfin autorisé, mais jamais mis en avant. Là ou d'autres ont su rendre fiers leurs concitoyens de ce qu'ils avaient. Et il y avait de quoi être fiers, en France. Au lieu de ça, vous avez été presque honteux. Ce sera difficile à oublier.

Car vous êtes sexiste.

Tellement que la Défense s'est sentie obligée de placer une question sur les femmes dans le MMA à la fin de chaque interview ; dans un livre ou pas, une femme n'a la parole ! Comme une caution, une petite décharge morale de fin de sujet.

En France, une femme, ça ne se bat pas. Ça fait des comptes make-up et des plateformes MYM, mais un développé couché ou un coup de poing, ce n'est pas pour elles. C'est ridicule, c'est risible.

Il y aurait tant à dire sur le sujet, et sur bien des domaines de notre société, mais je crois que les jurés comprendront que je n'ai pas besoin d'aller plus loin…

Je n'ai rien à ajouter.

PLAIDOYER

Au regard des éléments formulés, oui : vous pouvez penser que le MMA français n'est pas un camp, mais plusieurs ; qu'il est son propre ennemi.

Vous avez entendu, comme moi, que son organisation et ses jeux internes posent parfois question : vous pouvez donc, effectivement, dire qu'il manque cruellement de compétences.

Si les ventes de ce livre sont comparées à celles d'un livre qui sortira en même temps ou quasiment, et dans la même collection, alors vous constaterez que notre MMA fait pâle figure.

Et si, encore, vous examinez la place des athlètes féminines dans notre microcosme, alors oui : vous n'aurez pas grand-chose à examiner, et beaucoup à conclure.

Car penser, dire, constater et conclure sont des droits inaliénables, et ni moi ni aucun autre ne peut vous en priver.

… Pour autant, vous n'avez rien compris.

Vous appelez à juger un nouveau-né comme un vieillard qui a eu mille occasions de mieux. Qui ne fait aucune erreur ? Mieux : qui ne fait aucune erreur lors d'un départ en fanfare, scruté de tous et avec autant de pression ?? Au jeu des comparaisons, il est absolument malhonnête de dire que le MMA français a plus de tares organisationnelles, réglementaires ou financières que d'autres sports, pourtant « culturels », pourtant rompus aux exercices. Pourtant populaires.

Mais le MMA est différent. On ne joue pas seul avec une raquette, on ne joue pas en groupe avec un ballon. On ne joue pas, tout court.

Alors qu'auriez-vous fait ? Moins d'examens, moins de fonds d'œil, moins de tout ? Pas sûr, quand on sait de quoi il est question et qui nous attend au tournant. Moins de taxes, plus de libertés d'organisations, pour de plus grosses primes peut-être ? Ça viendra ; en attendant, ici, personne ne monte dans une cage pour l'argent, ni la gloire. Ce n'est pas facile, ce n'est pas gratifiant en comparaison des risques, et ce n'est pas lucratif.

Alors les athlètes français ne partagent peut-être pas de culture avec le plus grand nombre, les instances n'ont certainement pas de leçons à donner, et les réseaux sociaux ne sont pas la vie. Mais j'ai vu, de mes yeux vu, des hommes ET DES FEMMES échanger sueur et sang, des gladiateurs des temps modernes motivés uniquement par la beauté sans pareil de ce sport semblable à nul autre, et par un cœur gros comme une montagne. J'en ai pris dans mes bras, j'en ai frappé à l'entraînement, j'en ai étranglé, ils me l'ont rendu au centuple. J'ai dans mes amis des guerriers et des guerrières qui ne trichent pas, dans le regard desquels passe tout ce qui ne peut être retranscrit ici.

Ces gens qui sont venus à la barre du Tribunal du MMA, qui ont dit oui sans hésiter lorsqu'ils ont été contactés, alors qu'ils sont des sommités dans leurs domaines, nous ont parlé avec une franchise et une passion qu'un simple livre ne vous rendra pas fidèlement.

Faute de recul suffisant, ce simple livre est essentiellement masculin, en effet. Il prépare, si vous, lecteurs sans qui rien ne serait, êtes au rendez-vous, un prochain tome entièrement féminin.

… Alors, Mesdames et Messieurs les jurés : ne condamnez pas trop hâtivement le MMA français. Il a tout à prouver, tout à construire, tout à vous donner. Et en fermant ce livre, après avoir lu ces acteurs, allez voir la pièce ; prenez des billets, allez sur les galas, ou même sur les réseaux, sur les lives, suivez les préparations, les coulisses. Et venez dans les clubs, ces endroits où l'on se bat pour de vrai, pour *des* vrais. Encouragez-les, portez-les. Faites de tout ça un jeu magnifique.

Le jeu de la bagarre.

Découvrez les autres collections de JDH Éditions

Magnitudes

Drôles de pages

Nouvelles Pages

Uppercut

Versus

Les Collectifs de JDH Éditions

Case Blanche

Hippocrate & Co

My Feel Good

Romance Addict

F-Files

Black Files

Les Atemporels

Quadrato

Baraka

Les Pros de l'Éco

Tierra Latina

Les Pros de l'Immo

Toque et Plume

Suivez **JDH Éditions** sur les réseaux sociaux
pour en savoir plus sur les auteurs,
les nouveautés, les projets…

Inscrivez-vous à notre Newsletter sur
www.jdheditions.fr
Pour recevoir l'actualité de nos nouvelles
parutions